湛庐 CHEERS

与最聪明的人共同进化

HERE COMES EVERYBODY

THE INVENTION OF AIR

助燃创新的人

约瑟夫·普里斯特利的传奇跨界人生

【英】史蒂文·约翰逊 著
Steven Johnson

刘国伟 译

天津出版传媒集团
天津科学技术出版社

上架指导：商业创新

天津市版权登记号：图字 02–2020–52 号

图书在版编目（CIP）数据

助燃创新的人 / (英) 史蒂文 · 约翰逊 (Steven Johnson) 著 ; 刘国伟译 . — 天津 : 天津科学技术出版社 , 2020.5

书名原文 : The Invention of Air

ISBN 978–7–5576–7853–1

Ⅰ . ①助… Ⅱ . ①史… ②刘… Ⅲ . ①约瑟夫 · 普里斯特利—生平事迹 Ⅳ . ① K835.616.13

中国版本图书馆 CIP 数据核字 (2020) 第 071686 号

助燃创新的人
ZHURAN CHUANGXIN DE REN
责任编辑：吴　頔
责任印制：兰　毅
出　　版：天津出版传媒集团 / 天津科学技术出版社
地　　址：天津市西康路 35 号
邮　　编：300051
电　　话：(022) 23332377 (编辑部) 23332393 (发行科)
网　　址：www.tjkjcbs.com.cn
发　　行：新华书店经销
印　　刷：石家庄继文印刷有限公司

开本 710 × 965　1/16　印张 15　字数 171 000
2020年5月第1版第1次印刷
定价：79.90元

科技界的达尔文

史蒂文·约翰逊

为创新而生，以“长变焦视角”揭示创意之源

史蒂文·约翰逊天生就对所有的新事物拥有无限的好奇心，而在布朗大学研究符号学以及在哥伦比亚大学学习文学的经历，不仅练就了他对于细节的洞察力以及对宏大历史的掌控力，还让他独创了揭示创意之源的“长变焦视角”。

我们生活的时代，无疑是一个创意满天飞的时代，而史蒂文·约翰逊通过他的研究，为我们揭示了颠覆式创新的源泉。在《助燃创新的人》（*The Invention of Air*）中，约翰逊通过描写现代化学之父、伟大化学家约瑟夫·普里斯特利（Joseph Priestley）的传奇跨界人生，为我们重现了普里斯特利的五大创新思维特质：跨学科思维特质、生态系统思维、长变焦视角、社交之网特性和乐观主义精神。在跌宕起伏的故事以及行云流水般的文字之下，一个伟大创新者的形象变得栩栩如生起来。在《伟大创意的诞生》(*Where Good Ideas Come From*) 中，约翰逊指出：人们通常会把颠覆式创新的产生过程浪漫化，想象一个个伟大的创意会超越环境的限制横空出世，但实际上新创意更像是从一些旧思想和僵化的传统中发现的一些全新的创意。

从 600 年创新自然史之中，史蒂文·约翰逊成功归纳出了七大创新模式：相邻可能、液态网络、慢直觉、意外的收获、有益的错误、功能变异和开放式“堆叠”平台，并进一步揭示出：一个创意是一群细胞组成的网络，会尽可能地在相邻空间里，去探寻一些新的网络组合方式。这一点适用于任何一次创意的产生。在《极速传染》（*Everything Bad Is Good For You*）中，约翰逊通过描写流行文化的发展历程，为我们揭示了打造上瘾型产品的四大思维：游戏化思维、社交思维、参与思维和系统思维。谁能调动用户的这四大思维，谁就将拥有价值无限的创意，让自己的产品真正引爆流行。

跨界科技、人文的创新引领者，数字化未来十大科技思想家之一

约翰逊一直将写作方向聚焦于科技与创新前沿，他在科技与人文领域的跨界，让他获得了独一无二的视角。他曾作为《连线》杂志的特约编辑，记录科技的最新发展；还曾作为《纽约时报》《华尔街日报》《金融时报》等权威媒体的专栏作家，写下他对于科技创新的深度观点；他的文章《Twitter 如何改变我们的生活》登上了《时代周刊》，《纽约客》杂志还特邀他与凯文·凯利（Kevin Kelly）对谈，畅聊技术对创新的影响；而在 TED 上，与《伟大创意的诞生》同名的演讲“Where Good Ideas Come From”更是在全世界范围内广为流传。

约翰逊的研究广泛影响了商业范式的革新与城市规划的进阶，作为跨界创新者，他被英国《展望》杂志评为“数字化未来十大科技思想家之一”。

兼具无限探索精神与超强洞察力，影响美国前总统克林顿、英国前首相布莱尔的畅销书作家

约翰逊是世界著名科普作家，其著作多聚焦于科学、技术和创新领域，以引人入胜的观察与深入的洞察力知名。迄今为止，他共著有包括《助燃创新的人》《伟大创意的诞生》《极速传染》《涌现》《幽灵地图》在内的 8 部畅销书，被译成十多种语言，在全世界广为传播，受到美国前总统克林顿、英国前首相布莱尔的推崇。《伟大创意的诞生》更是受到《史蒂夫·乔布斯传》作者沃尔特·艾萨克森（Walter Isaacson）的极力推荐。因为在自己的书中善于使用广博的素材，描写超长的时间尺度，被读者评论为：阅读时的体验，就像一边在科罗拉多大峡谷高空跳伞，一边品着拿铁咖啡。

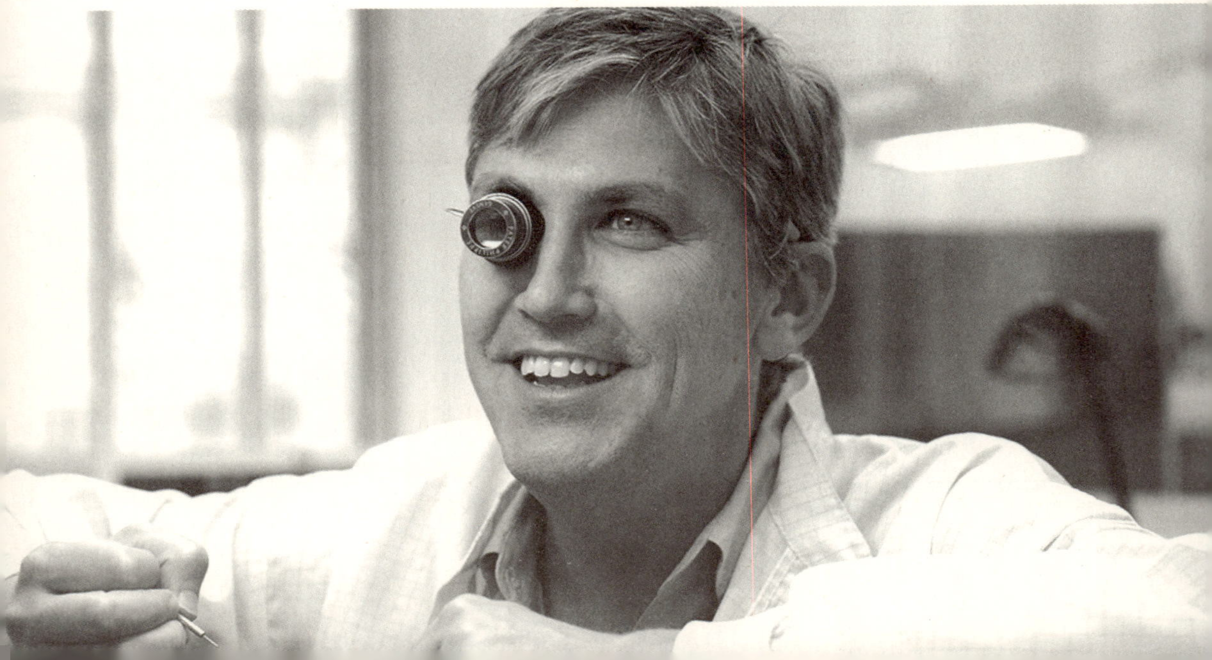

约瑟夫·普里斯特利

JOSEPH PRIESTLEY

现代化学之父，发现氧气的人

人生信条

重点不在于我们在山坡上攀登到了什么高度，而在于山峰自身正在被那些巨大但不可见的陆块碰撞的力量推得更高。

重大科学突破

- 发现氧气、二氧化氮、氨气、二氧化硫等10种不同的气体。
- 发明苏打水。
- 发现氧气可以提高火药的爆炸威力。
- 美国国家化学学会以他之名设置最高荣誉“普里斯特利奖”(Priestley Medal)。

跨界生态核心

作为科学家，他是指引科学进化的彗星： 普里斯特利发现了氧气、二氧化氮、氨气、二氧化硫等 10 种不同的气体，首次揭示出世界生态系统观。

作为哲学家，他是思想领域的关键人物： 包括《电学的历史、现状及原创实验》《与物质、精神有关的研究》《基督教腐败史》等享誉世界的哲学著作，影响了穆勒和边沁等伟大哲学家的思想。

作为政治理论家，他是理性之火的续燃者： 普里斯特利声援法国大革命，大力支持英国殖民地斗争。他是政治理论家富兰克林的门徒和密友，是英国首相谢尔本伯爵的幕僚。同时，普里斯特利也对美国两位重要总统影响至深，他是约翰·亚当斯的宗教顾问，也是托马斯·杰斐逊的思想导师。而且，普里斯特利在政治、教育、信仰领域写了 50 多本书和小册子。

思维特质

跨学科思维特质： 跨学科思维是普里斯特利的才智的标志。他一生做过教师，当过牧师，讲授过语言学、文学、现代史、法律、口才学及辩论学等，甚至教过解剖学。他既是科学家、神学家，还是政治理论家，他的一生都在连接科学界、思想界、政治界重要的知识领域，而思想的开放性则有助于培养这种思维。

生态系统思维： 从疯狂的空气实验到发现氧气再到揭示世界生命系统观，从伦敦咖啡馆到离开英国再到影响美国，从连接科学家、哲学家到政治理论家，普里斯特利建立了一个个激发伟大变革的生态。

长变焦视角： 从电学的启蒙到发现氧气的科学创新，从哲学研究到政治领域的理论创新，普里斯特利一直在以进化的长变焦视角看待世界和万事万物，让他可以从一个范围跳到另一个范围，从一个学科跳到另一个学科。

社交之网特性： 普里斯特利是富兰克林的门徒、其电学思想的主要传播者，是亚当斯的宗教顾问，是杰斐逊的导师，也是亚当斯、杰斐逊即使在交恶时，也共同将之奉在圣殿之上的人。

乐观主义精神： 杰斐逊、富兰克林、亚当斯，他们多少都有悲观倾向，但普里斯特利即使在他遭到驱逐以及相继遭受丧子丧妻之痛后，依然洋溢着乐观主义，坚定地认为世界必然会见证理性之光。在把积极的情绪带给他的朋友身上，普里斯特利似乎有着非凡的能力。

献给杰伊

英国的等级制度（只要其结构有缺陷）同样会因空气泵或发电机而颤抖。

约瑟夫·普里斯特利

为了实现对人的道德教化和人与人之间的彼此教化，为了人类状况的改善，思想应该在全球范围内自由传播，从一个人传到另一个人。自然创造了它们——出于仁慈而专门设计了它们。它们像火，在天地间蔓延，任何地方都无法减弱它们的强度。它们也像我们呼吸并身处其中的空气，无法被幽闭或独占。

托马斯·杰斐逊

前言 激发相邻可能，思想者的寻根之旅

就在我开始写这本书的数日前，在一家国家级电视台的节目上，一位美国总统的重量级候选人被问及他是否相信进化论。然后，他以不屑一顾的口吻“幽默”地避开了这一问题。“竟然问一个总统候选人这样的问题，这很有趣，”他说，“但我没有编写中学科学教科书的计划，我寻求的是成为美国总统的机会。”[1]

这位候选人的回答很搞笑，但那种俏皮话也只有在特定的知识背景中才会有意义。如果想让他的话中意义呈现出来，那么讲话之人与他的听众就必须共享一种基本假设，即“科学”是某种专门的知识，从政之人即使完全不懂科学，也无碍于工作开展。假设有一位总统候选人被问及他的外交政策经验，为了避

开这个问题，他说，他是在竞选总统，而非写一本国际事务教科书。这种俏皮话当然没有意义，因为我们默认外交政策专长是总统的一种核心素质。但是，科学呢？很多人认为，那完全属于穿着实验室白大褂的家伙们。

自那时起，那位总统候选人的话就印在了我的脑海里，因为本书的中心脉络表明，他的话完全是错误的。如果这本书所讲述的故事有一个主要寓意的话，那就是：**知识成就的主要领域不能相互隔离，也不能限定给某些专家，政治界人士可以也应该从科学的洞见中获得有用的信息**。在这一故事的主要人物所生活的时代，思想可以在政治、哲学和科学等领域间顺畅流动。这一故事中最像主人公的是化学家约瑟夫·普里斯特利（Joseph Priestley），他的整个人生都是在一个把那些不同领域联系在一起的空间里度过的。这一故事的其他主要人物，如本杰明·富兰克林、约翰·亚当斯、托马斯·杰斐逊，则让人联想到另外一种对“中学科学”言论的理解。这一言论无疑是反智的，但在总统竞选的背景中，它的煽动性更加明显。

托马斯·杰斐逊和约翰·亚当斯的最后一段通信期长达 13 年，颇具传奇色彩。他们互相通了 165 封信，这些信真实地反映了他们之间的合作和争执。在这些信中，本杰明·富兰克林被指名道姓地提及了 5 次，乔治·华盛顿被提及了 3 次，而他们的共同对手亚历山大·汉密尔顿则只被提及了两次。相形之下，英国科学家约瑟夫·普里斯特利虽然仅在美国度过了他人生的最后 10 年，却被提及了 52 次。单从这一数据来看，普里斯特利在那两位美国奠基者心目中的重要性就不言而喻了。这既是因为他在杰斐逊和亚当斯交恶及最终和解的过程中发挥了关键作用，也是因为他独特的世界观对他们产生了深刻的影响，正如它在30年前对富兰克林所产生的影响那样。然而，到了今天，在绝大多数流行的记述中，普里斯特利几乎都只是一个注脚。这本书试图搞清楚普里斯特利为何对这一时期的伟大人物那么重要，这些伟大人物不仅来自美国，也来自英国和法国。本书与其说是一部个人传记，不如说是一部个人思想的传记，普里斯特利的思想是他社交和影响力的媒介，把他和当时科学、信仰、社会中的史诗性变化联系起来。

普里斯特利及其同侪的故事之所以让今日的我们如此痴迷，是因为他们都积极参与了多个领域的变革，包括政治、化学、物理、教育。因此，我写这本书的意图之一是努力解决下面的问题：这些变革为什么会在它们发生的时候发生，以及为什么一些罕见之人会同时涉足那么多的领域。我认为，仅仅从经验维度出发，这两个问题根本无法得到解决；仅仅通过个人传记，关注那个伟大人物及其同路人的个人生活，这两个问题也无法得到解决；同样，如果采用群像式描述，广泛地解释社会运动方面发生的变化，这两个问题也无法得到解决。于是，我采用了多维度、多学科交叉的方法，正如普里斯特利及其同路人在他们自己的事业中所做的那样。因此，这本书是一本记述启蒙运动和美国独立战争的史书，从植物自身的碳循环开始，讲到火药的化学原理、欧洲文化中咖啡馆的出现，再到两个在历史环境下互相背叛的朋友的情感轨迹。为了回答某些思想为什么会改变世界这一问题，你必须求助于化学、社会史、传播学、生态科学和地质学。这种跨学科的感受力有悖于我们专业知识文化的特性，但对普里斯特利、富兰克林、杰斐逊、亚当斯及其同辈来说，这种感受力不啻为第二天性。这种感受力是我们的根。

约瑟夫·普里斯特利

扫码下载“湛庐阅读”App，
搜索“助燃创新的人”，
听作者亲自讲述创新从何而来。

引言　从旋涡中心到流亡之途

1794 年 5 月
北大西洋

当海龙卷形成时，海面上首先会出现一个暗斑，仿若一圈黑墨水般。如果大气状况适宜，那么在短短几分钟内就会有一股螺旋形的光和深色条纹开始绕着那个圈旋转。很快，一圈水花会上升到空中，那是水分子被外围加速的风推到了高处。然后，水柱迅速形成，从海面席卷到天空，并受到时速达 240 千米的旋风的助推。

与陆地上的龙卷风不同，海龙卷往往在晴天形成。它是一种风的旋涡，会“从天而降”，能够摧毁小型船只。虽然没有龙卷风那么危险，但在海员讲述的有关海上生活的故事中，它早就是一种能引发恐惧和惊叹的景象。公元前 1 世纪，卢克莱修（Lucretius）

描述过“一种柱子，（它）从天空垂到海里，受到强风的激荡，瞬间周围的海水开始沸腾。如果船只陷入这种骚动之中，就会剧烈颠簸，险象环生”。[1] 此时，海员会敲鼓，并向海里泼醋，希望吓跑他们认为潜藏在水柱里的妖怪。他们完全有理由把这些奇异的景象神秘化。旋涡向上的拉力很强，足以把鱼、蛙、水母从水里吸出来，送至云端，有时候还会把它们抛到距离原来位置数千米之外的地方。科学家现在相信，那些貌似虚构的关于鱼和蛙从天而降的故事，实际上正是海龙卷把众多生物从水里吸出来，然后在水柱登陆并消散时，被抛到了“莫名其妙”的人们头上。

海龙卷景观是一种罕见的气候现象，即使在出现得最频繁的热带海域也是如此。在北大西洋较冷的水域里，尤其是在初春时节，船只基本上不会遭遇它们。但是，1794 年春季的一天，在驶往纽约的“参孙号”（Samson）商船上，100 多名乘客看到远处有 4 股海龙卷同时在海面上迁移，这种奇特的景象令人深感惊讶。

“参孙号”上的绝大多数乘客不会把陡然出现的水柱视为统计学上的异常现象，但即使不把它们视为十足的威胁，也会把它们视为不祥的征兆。一些乘客肯定一看到它们就吓得跑到了甲板下面，而其他乘客则会惊奇地盯着它们。但是，我们可以带着几分自信说，有一名乘客一发现海龙卷出现的迹象，就会冲到甲板上，站在那里并目不转睛地观察水柱的喷涌模式和云的形成。我们也不难想象，他会借船长的望远镜，凝望旋涡，估算风速，也许还会一边观察一边匆匆地记笔记。他应该知道那场关于海龙卷的激烈的科学辩论。那场辩论在一定程度上是他的老友本杰明·富兰克林发起的，其主题是：海龙卷是像龙卷风那样从云端下降形成的，还是推动自身从海面升到空中的。对这名乘客来说，在北大西洋的一次航行中目睹4股海龙卷不是不祥的征兆，也不是危险即将来临的迹象，而是难得的好运。

这名乘客就是约瑟夫·普里斯特利。他以前居住在英国的哈克尼，此刻他正处于搬去美国的旅途中。此时，普里斯特利61岁了，是他们那一代中最有才华的人之一，其兴趣和影响之广只有富兰克林可以与之媲美。在不到40岁时，他基于各种气体做了一系列实验，获得了科普利奖章（Copley Medal，相当于后来的诺贝尔奖）。自1761年以来，他出版了近500本关于科学、政治等领域的书籍和小册子。普里斯特利和他最亲密的朋友富兰克林、理查德·普赖斯（Richard Price）、乔赛亚·韦奇伍德（Josiah Wedgwood）、马修·博尔顿（Matthew Boulton）、詹姆斯·瓦特（James Watt）、伊拉斯谟·达尔文（Erasmus Darwin）一样，是启蒙运动和早期工业革命中的伟大人物。

虽然普里斯特利的光辉事迹在新建立的美国赢得了众多追随者，但他之所以会搭乘“参孙号”，却多亏了另外一项可疑的荣誉。而这时，他已然成了整个英国最受憎恶的人。

海上迷失

横渡大西洋的航行在18世纪末非常凶险，即使船只能够避开“在海上迷失”的重大风险，也还有其他风险存在。那个时期留下了很多关于海上旅行的可怕记录，戈特利布·密特勒伯格（Gottlieb Mittelberger）的《宾夕法尼亚之旅》（*Journey to Pennsylvania*）便是其中之一，它描述了1750年夏天“奥斯古德号”（Osgood）从鹿特丹驶往费城的场景：

> 在航行中，乘坐这些船令人非常痛苦，乘客会面临臭气、烟雾、恐惧、呕吐、各种晕船症状、发烧、痢疾、头疼、便秘、疖子、败血症、癌症、口疮，等等。此外，还有补给品短缺、饥饿、口渴、严寒、高温、潮湿、焦虑、压抑、痛苦、悲伤以及其他问题，因为……虱子多得吓人，尤其是在病人身上，他们几乎能把身上的肉挠下来……船上供应的水常常又黑又稠，满是虫子，所以即使渴到了极点，人们也非常厌恶喝水……“奥斯古德号”的航行快结束时，我们被迫吃起了船上早已变质的饼干，哪怕在一美元那么大的饼干中都几乎充满了红色虫子和蜘蛛的卵。[2]

当然，我们至少可以说，“玛丽王后号”皇家邮轮上的状况并没有如此恶劣。对于那些喝了漂浮着虫子和蜘蛛卵的黑水的乘客，一次痛痛快快的沉船可能都会开始显得有吸引力了。根据普里斯特利多少有些模糊的记述，在“参孙号”上，酗酒的船长和大副吵得太激烈，以致水桶无人照管，众多二等舱乘客“大受其苦”。在驶离英国后，“参孙号”一再遭遇巨浪，普里斯特利的妻子玛丽遭受了连续 3 个星期的晕船之苦。

要在 61 岁的高龄开始这样一场旅行，既需要无所畏惧，也需要保持乐观。这两样，普里斯特利都不缺。几乎所有对他的详细描述最终都会谈及他始终如一的积极人生观。他无法相信自己面临着一系列威胁，这种坚信几近病态。在抵达纽约后，他给一个朋友写了一封信，信中这样描述“参孙号”的航行：

> 我们在旅行中碰到了很多有趣的东西，如漂亮的冰山景观、在那些海域里非常罕见的水柱、飞鱼、海豚、鲸、鲨鱼（我们逮到了一条）、明晃晃的海水，等等。[3]

信中描述了很多有趣的东西，但描述那场几乎让船沉没的风暴的文字仅有短短几句：

> 我们遭遇了非常剧烈的暴风天气，一阵狂风乍起，猛烈程度也许闻所未闻。如果不是乘客帮忙，很多帆都会被刮跑。

玛丽对那场风暴却不太乐观，她说：“那是一个非常可怕的夜晚。”在对航线临时调转的描述中，她勉强挤出了一点与她丈夫相似的积极情绪：

> 由于天气恶劣，我们的航行有时非常令人难受。但是，吸引人的东西也不少，在船上能经历的境况我们都经历了，除了沉船和饥荒。[4]

从“吸引人的东西也不少”这一句中，我们不难听出咬紧的牙关与委婉的讽刺。当然了，她是在模仿她深爱的丈夫“P 博士”就最近的“明晃晃的海水”或别的某种吸引人的东西所说的话。在晕船的那 3 个星期里，这样的话她听得太多了。

向着新世界奋力前行

但是，无论普里斯特利夫妇在 1794 年春前往美国的过程中遭遇到的危险有多么极端，他们都别无选择，只能预订“参孙号”的船票。他们遭遇到无数公开的愤怒和暴力行为，这让他们只能做出逃离的决定。在几个星期的时间里，普里斯特利在藏身之所间不停穿梭，因为报纸、小册子作者、漫画家都在呼吁要他的命。他遭受的迫害让很多人把他比作苏格拉底。在普里斯特利离开英国之前，在写给他的一封信中，时任美国副总统的约翰·亚当斯写道：“这个民族能迫害一个普里斯特利，正如从前另外一个民族迫害一个苏格拉底那样。”[5]现在看来，普里斯特利可以说是英国乔治三世时代的萨尔曼·拉什迪

(Salman Rushdie)[1]。作为一位享誉世界的知识分子，普里斯特利的政治主张和神学思想让他成了众矢之的，去美国对他来说是一条合乎逻辑的出路。

在“参孙号”航程后半段那些风平浪静的日子里，普里斯特利会站在船尾，把一根系在绳子上的温度计放进海里，记录不同深度的水温。这样精确的测量在 18 世纪伊始是不可能做到的，因为直到 1714 年，加布里埃尔·华伦海特（Gabriel Fahrenheit）才发明了密封的水银温度计。华伦海特为他的奇妙装置设计了刻度，确定 32 华氏度为结冰点。正如科学史中经常出现的情况那样，测量精度的提高会引发对世界认知的根本转变。在此前的几个世纪里，航海者曾盲目地、无方向地横渡北大西洋，如今，对海水温度变化的准确标记让他们航行时能够确定并利用一种洋流模式。他们发现，一股暖流从热带出发，沿着北美海岸一路向北，然后在经过科德角时骤然右转，流向欧洲。在沿着美洲东海岸航行的过程中，海员们早就开始利用洋流的能量了，但除了最富经验的海员，无人发现它横跨了北大西洋的轨迹。

对那一洋流进行的首次精确测量间接来自在信息流里发现的一种模式。1769 年，波士顿海关就从英国寄来的信函的速度，向英国财政部提出正式投诉。实际上，经常跨越大西洋通信的人们早就注意到，与欧

① 萨尔曼·拉什迪是印度裔英国作家，其作品风格被归类为魔幻写实主义。2008 年，他入选《泰晤士报》评选的“1945 年以来 50 位最伟大的英国作家”。——编者注

洲寄往美洲的信函相比，从美洲寄往欧洲的信函速度往往更快。说来也巧，当投诉抵达时，北美殖民地邮政总局副局长就在伦敦。英国财政部于是把这个问题提交给他，希望他对信函的延迟抵达做出解释。更巧的是，这位副局长就是本杰明·富兰克林。

富兰克林最终把这个邮政之谜转变成了他事业中一次重大的科学突破。这是一个转折点，让我们对洋流的宏大模式有了直观的感受。富兰克林为这项任务做了充分准备。1726 年，时年 20 岁的他在首访伦敦后返回美国的途中，在日记中记录了“海湾草”在北大西洋水域里盛行的奇怪现象。20 年后，在一封信中，他谈及向西横渡大西洋时较慢的速度，他当时认为，这可以归因于地球的自转。在一封写于 1762 年的信中，他提到“水流从北美海岸向西班牙和非洲的海岸移动，在那里再次进入信风的影响范围，继续这个环流”。[6]他把那种海水流动称为“海湾流”(gulf stream)。

当英国财政部把关于不可靠的邮件寄送速度的投诉转交给富兰克林时，他马上怀疑海湾流是罪魁祸首。为此他咨询了新英格兰经验丰富的海员蒂莫西·福尔杰（Timothy Folger)。他们俩一起准备了一幅墨西哥湾流的完整路径图，希望“这样的图和说明也许能帮助我们的邮船缩短航行时间”。就目前已知的情况来看，福尔杰 - 富兰克林航海图第一次显示了横跨大西洋的墨西哥湾流的完整轨迹。但是，这幅图依据的是传闻证据，这些证据大多来自新英格兰捕鲸者的经验。于是，1775 年，在从英国返回美国的航行中，富兰克林详细测量了沿途的水温，发现了一股虽宽却浅的暖流，这股水流往往携带着那些来自热带地区、具有标志性的杂草。富兰克林写道：“我发现它总是比它两侧的海水要温暖一些，并且在夜里也不反光。”1785 年，79 岁高龄的富兰克林给法国科学家阿方索·勒·罗伊（Alphonsus le Roy）寄了一篇长论文，其中包括了他收集的数据和福尔杰的航海图。他谦逊地把这篇论文称作“杂乱的海洋观测”，但它发布了第一种证明墨西哥湾流存在的实际证据。

因此，当普里斯特利把温度计浸入大西洋的海水里时，他是在重复富兰克林在近 20 年前做的事情。另外，那 4 股海龙卷的景观也会让他回忆起老友。在写给罗伊的信中，富兰克林就怀疑北大西洋的海龙卷很有可能是由于冷空气和墨西哥湾流的暖流碰撞而形成的。虽然在历史记录中并无直接证据，但那些海龙卷目击事件完全有可能使普里斯特利开始他的探索。他测量海水的温度，试图收集证据，证实他的老友在 10 年前仓促做出的猜想。富兰克林已经去世将近 4 年，但他们的知识合作仍在继续。战争和距离无法阻碍这种合作，就连死亡也不能。

普里斯特利对富兰克林的 1775 年之旅的重复不仅仅只是沿途所做的科学实验。富兰克林在伦敦的最后几天也惴惴不安，被丑闻和战争的爆发赶出了英国。20 年后，普里斯特利面临相同的威胁，开始了相同的旅程。虽然他们的信仰不同，但他们的科学观和政治观非常契合。在知识敏感性方面，富兰克林与普里斯特利也很接近，接近程度超过了他和任何一位美国奠基者。他们相似的横跨大西洋的航行也存在淡淡的讽刺成分：启蒙运动的科学理想让他们拥有了一套相同的政治价值观，让他们都认为理性将最终战胜盲从和疯狂。但是现在，旋涡已经把他们俩都吞噬了。

普里斯特利周围充满了汹涌澎湃的巨大能量，有海龙卷细细的旋涡与墨西哥湾流巨大的传送带，也有将他送入流亡之途、来自英国煤矿的能量。普里斯特利最伟大的科学发现之一涉及流经地球上一切生命的能量循环，即空气的来源。在他观察系着温度计的绳索在大西洋的海水里上下摆动时，他呼吸的正是空气。所有这些力量都汇集到了他的身上，而“参孙号”则在洋流中从西方驶来，向着新世界奋力前行……

目 录

THE INVENTION OF AIR

1 电学启蒙，成为思想界的关键物种

在当今这个时代里，如果我们能更平等地看待每个人的天赋，那将大有裨益。

本杰明·富兰克林和风筝

1765 年 12 月 I 伦敦

伦敦咖啡厅位于圣保罗教堂院内，距离教堂仅有几步之遥。它是一个拥挤的城市空间，神学院学生、书商、仪器制造商熙来攘往。虽然与教堂毗邻，却没有阻碍这家咖啡厅成为伦敦一些最著名的“异端”人士的聚会场所。他们之所以被吸引到这里，可能是因为在英国最令人敬畏的圣地的不远处探究正统宗教的局限性让他们觉得非常刺激。每隔一个星期的星期四，一群自由思想家就会在这家咖啡厅聚会，开始一场长时间的漫谈。现代科学文化中没有与之对应的活动，行业会议期间的深夜狂欢也许与它最为接近：在包含咖啡因、酒精、尼古丁的化学鸡尾酒的刺激下，参与者们分享着有可能获利的基本信息。这群自由思想家的组织最终被命名为“诚实的辉格党人俱乐部”，命名者是它的创始成员之一——本杰明·富兰克林。詹姆斯·鲍斯韦尔（James Boswell）有时会参与他们的聚会，他谈到了相关体验：

> 它由神职人员、医生和其他人士构成……（其中包括）就道德进行著述的普赖斯先生……我们喝酒，“砰砰砰”地敲桌子。一

些人边抽烟斗边发表意见，谈话相当正式，有时候充满智慧之光，有时候又十分激烈。到了9点的时候，可以取用威尔士兔子、苹果酥、啤酒和牛排。[1]

1765年12月19日，约瑟夫·普里斯特利坐在一张被圣保罗教堂的阴影遮盖的咖啡桌旁，开始了一场将改变他人生的对话。伦敦的景象令人眼花缭乱，商店里充满最新的科学设备，英国皇家学会致力于开创性的研究。但是，就像当时的年轻男女那样，普里斯特利之所以来到这座大城市，只因为一个动机：他想要写一本书，这本书将传递一种新思想。这也就是为什么他第一次发现，他已经跻身于诚实的辉格党人之列了。

普里斯特利时年32岁，既是牧师，又是教师，平易近人，思想自由。由于一直有口吃的问题，他的事业一度受挫。他10年前第一次来伦敦，接受了语言治疗师安吉尔先生一个月的治疗。安吉尔承诺“治愈一切语言缺陷”，并要求他的病人发誓不泄露他的技术。[2]普里斯特利于1733年出生在距离利兹约9.6千米的小镇菲尔黑德，他所在的大家庭不信奉英国国教，而当时的英国教会与其反对者经常发生激烈的政治、神学冲突。即使处在那种非正统的环境中，他还是打破了界限。19岁时，他被约克郡的赫克蒙德怀克独立教会革除了教籍。20多岁时，在被他们家恪守的加尔文教派驱逐后，他开始向尼德姆和楠特威奇的一些反对英国国教的小团体传教。他关于耶稣基督的神性的理论标新立异，常常触怒一些教区居民。

楠特威奇的固定会众只有60个人，这让普里斯特利有了充足的空闲时间。他在镇上开办了一所小学校，一星期给30个男孩上6天课。他在那个时期开始写作，就一些神学问题起草了一些短论，使徒保罗超自然的宗教转变是他喜爱的一个主题。他把它们拿给一些导师看，然后把它们放进了抽屉，留待日后修改。虽然这些短论最终会有大批读者，但他出版的第一本书是《英语语法基础》(*The Rudiments of English Grammar*)。虽然这本书的主题争议较少，但他采取的做法同样激进。在这本书中，他以学者们早就应用于拉丁语和希腊语的严密逻辑，系统地阐述了英语的结构，是这方面的先驱者之一。普里斯特利把语言学学术创新和政治的煽动性写作方式结合起来，开辟了一条新的道路。两个世纪后，诺姆·乔姆斯基（Noam Chomsky）也走上了这条道路。

《英语语法基础》帮助普里斯特利获得了沃灵顿学院（Warrington Academy）的助教职务，那是约克郡的一所著名的不信奉英国国教的学校。他精通6种语言，所以最初受聘去教授语言，但他迅速引进了现代历史和政治课程。在一种仍然致力于列举语言动词变化的教育体制中，这可以说是最前沿的课程。在沃灵顿学院任教的第一年，他在威尔士的雷克瑟姆与玛丽·威尔金森（Mary Wilkinson）结婚了。玛丽的父亲是企业家，他在雷克瑟姆经营着博尔夏姆钢铁厂（Bersham Ironworks）。后来，在回忆录中，普里斯特利这样描述他的婚姻："事实证明，这是一次非常门当户对、幸福的结合。我的妻子有着出色的理解力，并且这种理解力还通过阅读进一步得到了提高。她非常坚忍，思维能力超群，非常热情、慷慨，善于为他人着想，很少考虑自己。"[3]

电学家的奇迹展柜

在楠特威奇的那些年里，普里斯特利培养了一种业余科学爱好。虽然很少能做到收支平衡，但到了 18 世纪 50 年代末，他终于凑够了钱，买了一台空气泵和一台“发电机”，再加上一架非常精准的天平，这 3 种必不可少的奇妙装置可谓当时最先进的科学仪器。在后来的岁月里，它们以各自不同的方式支撑了普里斯特利建造的科学创新巨塔。等到去了沃灵顿学院，他已经对科学有了深入的了解。用当时流行的术语来说，他已经涉猎“自然哲学”。

就像众多同辈那样，他一开始喜爱的研究对象是电。要理解电在 18 世纪中期受教育阶层心目中的重要性，你必须理解让它显得如此迷人的那种罕见的收敛性。在多数情况下，当宇宙中的一种基本力量首次被科学正式理解时，依赖科学而存在的流行技术的出现往往会滞后一段时间。牛顿的万有引力定律并没有立即引发人们根据他的方程式制造一些小器具。即使是在快速发展的今天，沃森和克里克发现 DNA 后，也至少花了两代人的时间，才催生出 DNA 检测这样的主流技术。但是，在电身上，这两种现象重叠了：你发现了自然界中最基本的力量之一，并立即可以在客厅玩出一大堆迷人的把戏。如果你拥有令人敬畏的科学天赋，也拥有一些小装置，那就万事俱备了。

直到 18 世纪 40 年代，电还被认为是两种不同的流体，人们对它们之间的关系知之甚少。本杰明 · 富兰克林做了一系列精妙的实验，其中有很多实验使用了一台意在产生静电的机器，这令他的客人感到震惊。在做了这些实验后，他萌生了一系列对电的基本见解。时至今日，这些见解仍未受到挑战。他首先提出，电由一种单一的流体构成，含有两种不可分离的电荷，他把它们称作正电荷和负电荷。他还发现，这两种电荷可以相互作用，电流会从一个带正电荷的物体流向一个带负电荷的物体。他由此推导出了名为“电荷守恒”的定律，即电既不能被创造，也不能被毁灭，只能从一个导体传给另一个导体。《富兰克林传》作者沃尔特·艾萨克森（Walter Isaacson）认为，在费城经营出版生意的那些年里，富兰克林仔细研究了资产负债表，在此启发下有了电荷守恒原理。[4]

电的这种基本模式在今天仍然是定律，富兰克林为了描述它而构建的词汇也仍然在使用。“电池”“带电”“导体”都是他创造的词。然而，有关电的装置却发生了很大变化，我们不妨看一下图 1-1。

虽然看着有些离奇，但在 17 世纪中期的客厅和露天市场，这样的场景经常出现，它们是启蒙运动流行文化的特殊效果。在图 1-1 中，一个借助丝绳悬在空中的小男孩被一台产生静电的机器导入正电荷，那个小男孩的头发竖了起来。接着，随着旁观者被惊讶到屏气凝神时，他伸手去触摸一个小女孩，电火花在他们的手指之间闪烁。有兴趣的观众经常被拽出来充当志愿者，亲身体验那种电压。在这一神奇领域的早期探索者里，既有科学家，也有表演者，他们被称作电学家（electrician）。这一名称也持续用到了今天，只是含义发生了变化。

图 1-1　17 世纪中期的电学表演场景

电学家的奇迹展柜中最具变革性的装置是避雷针，这也是富兰克林发明的。从概念突破到快速进入实际应用是富兰克林科学的一个特点，它后来也成了普里斯特利科学的一个特点。人类早就认识到，闪电很容易就会击中它附近的最高地标性建筑，因此教堂尖顶的夸张高度，尤其是其易燃的木质结构，展示了一种令人困惑却无法否认的事实：上帝似乎反常地喜欢烧掉为向他表示敬意而竖立的建筑物。

1750 年，在写给朋友彼得 · 柯林森（Peter Collinson）的一封信中，富兰克林首次提出制服“电火”（electrical fire，即闪电）的想法：

> 在对一些尖状物所做的实验中，有某种东西在发送或吸收电火。这还没有得到充分解释，我接下来打算解决它。这些尖状物所呈现的理论非常奇妙，它们的效果也真的非常精彩。此外，就我在实验中观察到的情况来说，我认为，通过某些方式，房屋、船只甚至城镇和教堂也许都能有效地避开闪电的打击。风信鸡、风向标、教堂的尖顶、尖塔、桅杆的顶端经常放置木质或金属圆球，我认为不应该放置圆球，而应该放置一根2.5米或3米长的铁棍。这根铁棍应逐渐变尖，直到像一根针那样尖。为了防止生锈，还要给铁棍镀金。如果这根铁棍顶端被分成几个尖端，效果会更好。我认为，这样在电火能够发动“攻击”之前，它就会被悄悄地从云里吸引出来……[5]

随着富兰克林的想法在杂志间传播和在咖啡厅中流传，他的假说迅速传播开来，甚至跨越英吉利海峡，到达了法国。1752年，避雷针理论首次成功进行了实验，实验是在法国进行的，这也是众所周知的富兰克林与法国的关系的开端。在写给柯林森那封具有推测性质的信后不到5年，避雷针就成了欧美各地教堂尖顶上的常见事物。富兰克林的传记作者卡尔·范多伦（Carl Van Doren）准确地描写了人们对世界各地发生的这些事件的惊讶之情：“一个生活在美国费城的人，原本是一个干练的商人，远离学术界，却偶然发现了一个秘密，让他和其他人得以捕捉并驯服闪电。闪电太可怕了，在当时仍然带着神话色彩。”[6]

因此，当普里斯特利开始从事业余的自然哲学的研究活动时，首先俘获他的想象力的是电学，也就不足为奇了。在其他领域中，还没有哪个能在如此短暂的时间里产生如此多的科学和实用创新。但是，作为作家的普里斯特利发现了正在发展的电学的缺失环节，即关于这些改变世界的发现，还没有人写过普及读物。于是，他来到伦敦，希望结识电学家，并说服他们让他来讲述关于电学家们才华的故事。

牛顿说服读者相信公式，而普里斯特利想为富兰克林讲故事

普里斯特利抵达伦敦时带着一封介绍信，这封信是沃灵顿学院的院长约翰·塞登（John Seddon）写给约翰·坎顿（John Canton）的。约翰·坎顿是英国皇家学会会员，本身就是一位杰出的电学家。“你将发现普里斯特利是一个心地善良、通情达理、学识渊博的人。”塞登写道。他还加了一段附言：“如果富兰克林博士在城里，我相信普里斯特利博士会乐于结识他的。”[7]

事实上，富兰克林的确在伦敦。因此，当坎顿带着普里斯特利去伦敦咖啡厅时，这个年轻、口吃的沃灵顿当地的教师发现自己隔着一张桌子，坐在那位世界上最著名的电学家对面。和他们坐在一起的还有威尔士伦理学家、数学家理查德·普赖斯。在未来的岁月里，普赖斯将会成为普里斯特利的一位重要朋友乃至盟友。

诚实的辉格党人是从坎顿的一个核心朋友圈发展而来的，他们大多毕业于苏格兰的大学或像普里斯特利那样在不信奉英国国教的学校里接受过教育。他们都不同程度地认为需要创建一种“理性的基督教”。不过据说，富兰克林本人缺席了大多数神学辩论。他们在政治上是自由主义的，激烈的政治辩论经常搭配“威尔士兔子和苹果酥”。鲍斯韦尔干巴巴地描述了一次典型的辩论：“今晚很多人都在反对议会。我说，虽然大家似乎一致认为所有议员都腐败，但最好确定已经腐败的人，从而拯救好人。”[8] 但是，在伦敦咖啡厅，社会和自然科学经常压倒政治：普赖斯的概率论和人口统计学著作①经常被朗诵，超过了美酒对诚实的辉格党人的吸引力。由于有众多杰出的电学家参加，讨论总会不可避免地转向单一流体理论或一种关于传导的新假说。在历史记录中，有一张便条流传了下来，它是富兰克林写给坎顿的。在这张便条中，富兰克林计划和坎顿一起前往伦敦咖啡厅，还有些神秘地要求他“为电热垫做一些准备”。[9]

普里斯特利此前基本上是在小镇上生活的。无论是从字面意义还是象征意义上说，他都生活在都市里知识分子网络的边缘地带。鉴于这种背景和他不断增长的兴趣，他会在伦敦咖啡厅寻找听众，原因就不难理解了。毕竟，这些人是他心目中的英雄。他很讨人喜欢，不仅有着惊人的知识敏感性，而且彬彬有礼。他身高 1.77 米，在他那个时代是一个大个子，18 世纪欧洲男人的平均身高要比他矮 5 厘米多。他那时的肖

① 这些著作后来影响了马尔萨斯（Thomas Robert Malthus），他的代表作是《人口学原理》。

像上是一张热情的脸，一双眼睛闪闪发亮，戴着一顶假发。与后来的一些圣徒肖像相比，他脸上的皱纹比较多，也不够英俊。但是，刚认识他的人立即就会喜欢上他。虽然目前我们尚不清楚普里斯特利在 1765 年前究竟做了多少实验，但几乎可以肯定的是，他对新兴的电学有着透彻的理解。当时，仅仅说着电学家的术语，就有可能获得热情的欢迎。

然而，那些人拥有一个更充分的理由去接纳普里斯特利这位年轻的牧师：他来到他们的门前，提出写一本书来颂扬他们的研究。从两个世纪之后的认识来看，他的中心想法似乎非常明显。在那之前的几十年里，电学研究已经产生了众多令人信服的思想和应用，如果一个人能把所有创新的相关故事用一本书串联起来，不是很有趣吗？如果能用一种方法，让那些缺乏专业知识的读者也能理解这些知识，岂不更好？

当然，关于“实验”或“自然”哲学的书并不是什么新鲜事物。当牛顿的《自然哲学的数学原理》在一个世纪前面世时，它几乎立即革新了科学。正如科学史学家托马斯·库恩（Thomas Kuhn）所写的那样：“在科学史上，还没有别的已知著作能同时引发研究范围和精确度的大幅提高。”[10] 虽然内容令人望而生畏，但《自然哲学的数学原理》的销量还算可以，让牛顿和他的出版商埃德蒙·哈利（Edmund Halley）从中小赚了一笔。牛顿是按照一套特定的类型模式来著述的，这限制了他的读者范围。就像那个时代的其他实验哲学家那样，牛顿采用了一种综合性方法。用历史学家西蒙·谢弗（Simon Shaffer）的话说，这种方法“把发现描述为一组逻辑上不可避免的活动，把发现的成就描述为英勇壮举”。[11] 这本书的结构是逻辑论证的结构，是由猜想、证据、反驳构成的大厦，它们全都通向牛顿本人才华横溢的概念飞跃。在一定程度上，这本书的形式为他声称已在物质世界里发现的那个更广泛的体系提供了一个模型，整本书围绕着他的才华展开。

普里斯特利前往伦敦时，心里怀着另一种关于书籍的构想。他比他那个时代的任何人都清楚，科学完全有可能成为一种叙事体验。关于对世界运转方式的看法，牛顿已经写了一篇令人眼花缭乱、具有启发性的综述文章。尽管他郑重声明自己站在“巨人的肩膀上”，但最重要的是他对世界的阐释，而非对万有引力的早期阐释。**普里斯特利看到了描摹一连串事件的价值，并把它转化成了一种关于科学进步的叙事。牛顿想说服他的读者，让他们相信一种公式，而普里斯特利则想给他们讲故事。**

就像那个时期的大多数学者那样，牛顿用拉丁文写作。不过，普里斯特利打算用英语来写历史，以确保能吸引更多的读者。这种通俗的风格特别吸引富兰克林，因为他本人就曾出版面向 18 世纪的大众的实用和生动的文章，从而确立了他的事业和公共形象；此外，他也并不厌倦于用学者的造作来渲染他的科学实验。

在伦敦咖啡厅度过那个傍晚后，普里斯特利和一群新结识的知识同仁来到了教堂的院子里。他们刚刚吃着牛排、喝着酒，听完了普里斯特利概述他有趣的著述想法，此时正向他承诺会支持他。那些电学家们将向他开放私人图书馆并会与他保持通信。对普里斯特利要撰写的历史来说，鉴于当时公共图书馆和书店完全不同于现代的形式，更没有谷歌搜索引擎可用，单单搜索数据就成了最大的障碍。他们还答应审阅那本书的手稿，并为增补和修改提供建议。

为了支持年轻的普里斯特利，富兰克林、坎顿和普赖斯做了关键一步：他们鼓励他一边撰写历史，一边做实验。由于已经出版过《英语语法基础》一书，所以当普里斯特利走进伦敦咖啡厅时，其实早已走在了成功的创作之路上。在听到偶像们敦促他记述自己进行的科学研究时，一个充满可能性的全新领域打开了。第一次会面后几天，那些电学家们便带着他参加了英国皇家学会的一次会议。英国皇家学会是英国自然哲学的巅峰所在，牛顿本人在 60 年前曾担任会长。与这些卓越的朋友一起步入那个神圣的地方，普里斯特利肯定高兴坏了。这简直就是一部 19 世纪的成长小说，一个出自巴尔扎克或司汤达笔下的故事：一个胸怀大志的年轻人来到都市，为自己赢得了声誉。普里斯特利抵达伦敦时只是自然哲学领域的一个业余爱好者，在地方上用发电机和空气泵小打小闹，而等到离开时，他已然成了一位科学家。

在返回沃灵顿几个星期后，普里斯特利在写给坎顿的信中说："回想起来，我有幸在你的陪伴下度过的那段时间宛如一场美梦……我渴望能够重温它。"在接下来的那一年里，他非常忙碌。他钻研着伦敦朋友借给他的书籍、信件和小册子，重新构建电池、电荷、避雷针、电流的历史。他投身于一条湍急的实验河流，培养了一种将会塑造他余生的研究风格。这种风格不太系统，但更具有探索性，因为材料、设备和验证主题会不断变换。他从来不是一个寻求宏大假说的人，很少专门设计用来检验一般理论的实验。在他的工作中，与一般理论最接近的东西最终却导致他犯下了最大的知识性错误。他的方法非常有创意，但有些混乱，虽然实验自身设计得很精妙，但他贯穿于一系列实验的更高层面的计划不太严谨。他一般会对一个问题，例如传导性、火、空气，产生兴趣，然后使用各种办法来解决问题。毫不夸张地说，他的很多实验是在洗碗槽中进行的。他的方法更接近于自然选择的方法，而非抽象的推理：新的思想出自新的反应，具有随机性和多样性。后来，他赞扬了那个时期的新兴技术，即空气泵和静电发电机，认为它们帮助他创造了那种独具一格的方法。“在这些机器的帮助下，”他写道，“我们得以把种类繁多的事物放入纷繁复杂的环境，而自然自身则是显示结果的媒介。”

电学的信徒与有毒的空气

普里斯特利是一位痴狂的科学家。1776年春、夏两季，他持续不断地给伦敦的电学家朋友写信以及寄明信片。他写的信和明信片几乎可以说有些滑稽，以下是一些内容：

> 我做了一个实验。我认为实验证明，在烧到炽热时，玻璃可以导电。我拿了一根1米多长的玻璃管，在里面注入水银，在外面覆盖锡箔，然后给约22厘米高的水银充电……[12]

> 我拿了一个软木塞，然后正对着中心给它的侧面插了 13 个叶片，每个叶片都是半张普通卡片。在卡片中间，我插了一根针……[13]

> 我已经在动物身上做了大量实验。在后来写给沃森博士的一封信中，我提到了其中的一些实验。在给他写了那封信后，我通过一只三四岁大的猫的尾巴，给一块 3.4 平方米的镀膜玻璃放了电。它立即全身抽搐，然后死一般地躺了几秒钟……考虑到它可能不会在电击后马上死亡，于是在第一次电击之后半小时，我又对它实施了第二次电击。它像此前那样全身抽搐，然后在痉挛中死去。我非常认真地解剖了它，但没有观察到任何特别的情况。[14]

在 1766 年的研究的早期阶段，普里斯特利认为他偶然观察到了一个重要的结果，即“有毒的”空气（二氧化碳）是一种电导体。他激动地给坎顿写信，告知这一消息，却在此后的几个星期里发现，这种结果被装有这种空气的玻璃杯中的冷凝水小分子给抵消了。水在当时已经是一种众所周知的导体。他尴尬地给电学家朋友写了一封信，收回了自己之前的说法。但是，这一实验最终把他引向了他为电学所做的最重要的贡献之一：他发现碳能够导电。当时，除了水和金属，已发现的导电物质并不多。

到了 1766 年年底，在普里斯特利混乱的电学研究中，一种更基本的模式产生了。富兰克林设计过一种利用“电杯”的实验，以此为基础，普里斯特利推断电荷之间的关系也会遵循牛顿在万有引力中观察到的平方反比定律。通俗地说就是，当两个电荷互相靠近时，它们之间的静电力会大幅提升。20年后，法国物理学家库仑（Charles-Augustin de Coulomb）将最终证明，普里斯特利的推测是准确的，这也是那个方程式现在被冠名为库仑定律的原因，虽然普里斯特利第一个提出了它。库仑定律最终用来解释原子在形成分子的过程中相互依存的原因，以及世界由物质而非弥漫的气体构成的原因。它也会在半导体和集成电路的发明中扮演核心角色，半导体和集成电路则是引发20世纪末电子和数字革命的核心技术。

普里斯特利不停地给伦敦的朋友写信，这些信件记录了他取得的进展，给他的电学家朋友留下了深刻印象。到了1766年6月，普赖斯、富兰克林、坎顿决定提名他们那位雄心勃勃的沃灵顿朋友为英国皇家学会会员，他们推荐道：

> 沃灵顿的约瑟夫·普里斯特利是法学博士，著有一本传记以及其他几部颇有价值的著作，他品学兼优，精通数学和哲学研究，非常渴望成为这个学会的会员候选人。我们根据个人认识推荐他，认为他非常值得获得这一荣誉。我们相信，如果当选，他将会是一个有用、有价值的会员。

在那一年里，随着时间流逝，普里斯特利写的信中越来越多地附带了他不断变长的手稿章节。普里斯特利按照当时的说法，把它们称作

“数目”。在约 15 个月的时间里，普里斯特利成功地就电学及其先驱的情况写了 700 页，同时用他自己的实验考察了“各种情况”。

《电学的历史、现状及原创实验》（*The History and Present State of Electricity, with Original Experiments*）一书于 1767 年出版，这本书使普里斯特利立即跻身于那些曾在伦敦咖啡厅里热情欢迎他的电学家的行列。《每月评论》（*Monthly Review*）刊登了一篇长达 40 页的评论，称赞它“优秀……明断、渊博”。它的销量不错，仅英文版就出了 5 版，后来又被翻译成了法语和德语。它流传到了世界各地，意大利电学家亚历山德罗·沃尔塔（Alessandro Volta）读过它，富兰克林寄了几本回美洲的殖民地。到了 1788 年，在耶鲁大学，它被列入了自然哲学课程之中。在出版后的近 100 年里，它一直是重要的电学著作。

这本书以一段令人激动的论证开头，道出了电学从一开始就非常吸引人的原因。

> 迄今为止，哲学主要研究的是物体比较感性的特质。电学，再加上化学、光与色彩理论，似乎正在带领我们进入它们感性特质所依赖的内部结构之中。因此，通过研究这些新的领域，自然科学的边界有望得到拓展，超出我们现在的认知范围，我们也许将窥见新的世界。在一个全新的思想领域里，在一群新的哲学家面前，伟大的艾萨克·牛顿本人以及所有和他同时代的人都会黯然失色。假如那位伟大人物重返人间，目睹当今的电学家们所做

> 的实验，也许都会感到惊讶，且程度不亚于罗杰·培根（Roger Bacon）或弗朗西斯爵士（Sir Francis）对他的实验的惊讶程度。

普里斯特利把他自己的全部发现都压缩到了那本书的最后 200 页里，前面的 500 页则用于全面叙述科学进步，详尽地描摹了每一种创新。

普里斯特利甚至还在书中增加了一些内容，用来指导读者中有抱负的科学家和杂耍表演者，如“给年轻的电学家的实用准则”以及“通过电所做的最富娱乐性的实验”。这些内容也许在现代读者看来没有学术性，但对实现这本书的根本目标至关重要。他不仅意在帮助普通读者理解新的电学，而且意在鼓励他们成为科学家。他虽然想赞美电学家的发现，但有意避免给他们罩上绝世天才的光环。他写道：

> 在艾萨克·牛顿爵士做出他最伟大的发现的过程中，他的头脑里肯定产生过一系列想法。如果能追踪这些想法，那么我毫不怀疑，我们对他的天赋的广博程度的惊讶会有所减弱……对科学的兴趣已经遭受过分的崇拜和惊叹的折磨，一些一流的哲学家对此持审慎的态度。在当今这个时代里，如果我们能更平等地看待每个人的天赋，那将大有裨益。[15]

《电学的历史、现状及原创实验》的出版是启蒙科学中一项影响深远的成就，原因有二。首先，它包含普里斯特利对科学做出的原创贡献。这些贡献为他在伦敦赢得了声誉，他也因此成了英国皇家学会会员。普里斯特利还效仿牛顿，在书中提出了一些未予回答的问题和潜在的研究途径。他的后继者的研究也因此成果丰硕。其次，他的《电学的历史、现状及原创实验》在形式上的突破要大于在内容上的突破。他发明了一种崭新的想象科学的方法。他没有效仿那种统一的牛顿式宣言，而是把自然哲学改写成了一个关于进步的故事，把它想象为一段不断向上延伸的启蒙阶梯，每一项创新都有赖于上一项创新。在为《电学的历史、现状及原创实验》写的序言中，他顺便比较了他的书和现有的公民史、自然史，关于列王、战争、饥荒的史诗故事，以及对昆虫、岩层、花朵这些自然界的万物的细致描述，这些在 17 世纪都已经变得平淡无奇。普里斯特利认为，人们可以在其他写作形式中获取重要的经验和愉悦感，但它们缺乏一种方向清晰和便于理解的决定性运动，而在他自己的哲学史中，则可以发现这种运动。他写道：

> 从对人性的认识来判断，按照所有真正、普遍的趣味原则，电的历史是一个充满愉悦性的领域。在一些场景中，我们能够看到事物的逐渐兴起和进步。这些场景总是给人的头脑展示一种令人愉悦的景观……同样，这种愉悦感和崇高的愉悦感非常相似，而在所有影响人的想象的愉悦感中，后者是最为强烈的愉悦感之一。如果我们在一个对象中看到了一种持续不断的进步和改进，那么就可以说，它的重要性在不断上升。此外，在已经过去的一个较长的时期内，当我们看到一种真实的增长时，我们会不禁认为，它将来的增长是没有极限的。这真可谓一种无限崇高的前景。[16]

在某种意义上，我们可以看到，普里斯特利在这些段落里发明了一种完整的科普类型，即一些关于发现和研究的故事，意在俘获、吸引全才读者的大脑。1768 年，就他的《电学的历史、现状及原创实验》，普里斯特利出版了一个更容易理解、更简短的版本，并将其命名为《电学研究的通俗介绍》(*A Familiar Introduction to the Study of Electricity*)。同时，他也在创建一种特有的连接过去和未来的方法。这种方法不仅将在他的余生中赋予他的写作和思考以生命力，而且将深刻地塑造美国奠基者们的世界观。回顾电学的历史，既使他得以理解科学如何成了进步的发动机，理解科学何以向前延伸到未来，也使他得以想象那种上升路线，想象它穿越未来几个世纪的轨迹。这明显是现代世界观的起点之一，我们不妨将其称为“进步的未来主义”。无数文化都曾想象它们自身处在历史和人类理解力的巅峰，普里斯特利接受了这种假设，并将其安置于一种经验主义的科学发现故事之中，然后附加了关键的说明：这只是开端而已！他写道：

> 对那些端坐在巅峰、感到自己地位优越的人来说，从巅峰向下俯视，看到并比较攀登过程中的所有进展，会让他们感到最大的愉悦。然而，我们无论如何都不会登上人类科学的巅峰，山峰仍高高处在我们的视线看不到的地方，我们的位置只是比山脚高那么一点儿，所以攀登所形成的一种与态度有关的视野只会给我们带来动力，让我们更加努力地向更高处攀登，并通过提出方法和权宜之计来协助我们更进一步。[17]

然而，尽管18世纪的欧洲距离“巅峰”仍然遥远，普里斯特利还是在其《电学的历史、现状及原创实验》中阐明了“登山者”当时已经到达的高度。他用了100页来叙述富兰克林关于电学的实验和理论。在原版的第160页上，在叙述富兰克林就闪电和电之间的联系所做的研究的那一章中，普里斯特利讲述了富兰克林15年前在费城设计的一个奇妙实验。

> 为了尽可能以完善的方式证明电流体和闪电的同一性，在预感到一声惊雷即将到来时，富兰克林博士放飞了一个电风筝，实际上人为地从天空中引下了闪电，这真是让人感到吃惊……因此描述一种诸如此类的发现只会给我的读者带来愉悦，这个发现也许是自艾萨克·牛顿爵士以来整个哲学界中最伟大的发现……[18]

在过去的两个世纪里，富兰克林和他的电风筝形象深深铭刻于无数美国学生的脑海中。他的这种形象可以追溯至《电学的历史、现状及原创实验》中的这一段文字。富兰克林本人仅在《宾夕法尼亚公报》（*Pennsylvania Gazette*）上发表了一篇以第三人称叙述的实验记录，没有明确说明是他本人做的实验。实际上，由于富兰克林在他自己出版的著作中从未直接提及他的风筝实验，因此后来的一些学者怀疑整个事件是伪造的。但是，他主动对普里斯特利讲述了那个事件，并且非常详细。普里斯特利曾说：“由于害怕经常发生的对不成功的科学尝试的嘲笑，富兰克林只把他打算做的实验透露给了他的儿子。他的儿子协助他放飞了风筝。”普里斯特利讲述的故事不仅是为了宣传富兰克林大胆的危及生命的科学冒险，而且试图把独立证明闪电天然带电的成就部分归功于富兰克林。1752 年 5 月，在富兰克林以前所做的实验的启发下，3 位法国科学家制作了一根铁棍，成功地从天空中引下了闪电。在他对富兰克林的风筝实验所做的记述的结尾处，普里斯特利明确指出："这发生在 1752 年 6 月，在法国电学家验证了同一理论一个月后，但他那时根本不知道他们做过的事情。"

在《电学的历史、现状及原创实验》中，富兰克林和普里斯特利后来的众多共同元素得到了初步体现，如民俗学、通俗神话学、知识分子间的友谊以及改变世界的想法。富兰克林帮助普里斯特利成了那个时代伟大的科学家之一。富兰克林给普里斯特利提供原始资料，让他构建了自己的进步历史观。在普里斯特利的余生中，这种历史观将主宰他的思维。反过来，普里斯特利为富兰克林塑造了一种标志性形象，并把富兰克林奉上启蒙运动的圣殿之中，与艾萨克·牛顿比肩。时至今日，富兰克林和他的风筝实验仍旧是美国奠基者的实用科学才智的具体体现。我们为此要感谢普里斯特利。

《电学的历史、现状及原创实验》的成功、与诚实的辉格党人的结盟使普里斯特利一下子拥有了新的影响力，获得了新的认可。但是，这不过是他即将产生的吸引力的前奏。在接下来的 8 年里，他仍将在知识领域创造传奇，做出两种具有突破性的发现，每一种都有资格进入启蒙科学的圣殿之中。他将就他的电学研究发表多篇论文，发明制造电荷的新仪器。他还会记录关于我们现在称作"振荡放电"现象的第一次目击事件，而“振荡放电”最终对无线电和电视技术起到了关键作用。他将分离并命名 10 种不同的气体，其中一些现在被认为是地球大气的构成要素，这激发了一场化学革命。一路走来，他就政治、教育、信仰写了 50 多本书和小册子。

长变焦，创新是历久弥新的恒长

如果以上成就的清单还不足以给人留下深刻印象，那么不妨再增加一项：普里斯特利还发明了苏打水。

在我们转向普里斯特利生活中这一非凡章节的具体细节之前，我们首先应该考虑它强迫我们面对的解释性问题：不仅是事情的真相，而且是事情发生的原因。思想史学家早就开始斟酌这种倾向的奇特性，即思想家一路艰难前行，间或发表一些思想，取得了增量式进展，然后突然之间，泄洪闸打开，1 000 种有趣的思想仿佛要喷涌而出。世界上有天才，他们带着天生的认知技能进入世界，这并没什么可奇怪的。随着时间的流逝，他们的这些技能受到文化环境的培养和激发。不难理解，这些人比我们聪明，因此往往能够在思想上做出更大贡献，但让我们偶尔难以理解的是，为什么有的人看上去命中率特别高。

一种可能是，整个命中率概念都不过是一种幻象，是大脑在利用我们进行概率分析时玩的一个花招。如果你把创新随机分散在一群人中，并且把它们放置在任意时间段内，那么在少数情况下无疑会显现出一种单个研究者在很短时间内产生了一系列突破性思想的景象。我们自然愿意看到这里出现命中率特别高的现象，看到某种突发的灵感首先激发这种倾向，但实际上，这种倾向只是一种随机分布的衍生物，并不神秘，和反复掷硬币偶尔会一连 10 次掷出正面朝上的概率差不多。有两项运动倾向的研究很出名，一项是斯坦福大学心理学家阿莫斯·特沃斯基（Amos Tversky）做的篮球研究，另一项是哈佛大学诺贝尔奖得主埃德·珀塞尔（Ed Purcell）做的棒球研究。研究者发现，命中率特别高只是我们的想象力虚构出来的幻象。事实上，如果一个选手刚刚罚中了一个球，那么他在一定程度上可能罚丢下一个球。考虑到美国职业棒球大联盟比赛在现代进行了 20 万场，那么巴尔的摩金莺队在 1988 年赛季开始的 21 连败就完全在预期之内了。正如斯蒂芬·杰伊·古尔德（Stephen Jay Gould）在一篇介绍这些研究的文章中所指出的那样："棒球比赛中还从未发生过超出掷硬币模式所预言的频率的情况。最长的连赢和连输时间就该那么长，发生的频率就该那么频繁。"[19] 古尔德接着承认，迪马乔（Joe DiMaggio）在 56 场比赛中连续击出安打是迄今为止唯一超出预言范围的例外。用古尔德的话说，它"纯属心灵问题"。

思想史的问题在于，创新的倾向是一种被误解的概率的幻象，就像 1988 年金莺队的惨淡开场或 1941 年夏天的迪马乔；创新还是某种特殊力量的标志，一种降低发现和理解的障碍的"领域"。之所以有后者的猜测，一个原因是，与罚球不同，思想就其本性而言显然是累积的；一个问题的解决通常会赋予你一套新的概念工具，帮助你解决下一个自发出现的问题。但是，就普里斯特利来说，问题不仅在于他能够在这么短暂的时间内偶然产出这么多的重要思想，而且在于这些思想分散在如此之多的不同领域之内。

这里还有一个平行的问题，一个在连续进步的链条之上的问题。人类的文化有着长期的集体“连续得分”记录。在经过数个世纪的沉寂之后，一批批发明似乎集体爆发了。例如，“文艺复兴”就准确地表明转变究竟有多么极端。普里斯特利是这些文化转变之一的重要参与者，当时，康德等人自觉地将其描述为启蒙运动。这一名称的含义既有政治和宗教的内涵在 18 世纪的欧洲的拓宽，也有用科学方法来解决此前被黑暗遮蔽的问题的广泛应用。在普里斯特利的人生中，确实有数十次在不同领域发生的范式转换，以及突然取得进步的重要时刻。在这些时刻，新的规则和理解框架出现了。单单普里斯特利一人就在 4 个领域发挥了变革作用：化学、电学、政治和宗教。就其自身而言，每一次范式转换都有其自身内在一致的叙事，即描述路径，可以用来解释我们是如何明白单流体理论这样的东西的，通常就是一连串的直觉、实验、发表的论文，以及普及。但是，我们缺乏的是一种令人信服的理论，能够把所有这些局部创新联系到一起，从而导致它们自我组织成某种东西。这种东西太重要，以至于我们不得不凭空想出一个诸如“启蒙时代”的名称来对它加以描述。**在这些创新之下，有某种更深层的力量在起作用。它就像一种知识板块运动，把成百上千的震动驱赶到了表层之上。在普里斯特利的山峰比喻中，重点不在于我们在山坡上攀登到了什么高度，而在于山峰自身正在被那些巨大但不可见的陆块碰撞的力量推得更高。**但是，那种力量究竟是什么？我们怎样才能测量它呢？

在《电学的历史、现状及原创实验》的开篇段落里，你可以看到，普里斯特利敏锐地意识到了这个问题。在某种意义上，这本书的结构自身就意在不断强调那种长期的进步运动。这种敏感性在文艺复兴时期基本上是缺失的，虽然在那一时期我们取得了不少成就。意大利北部的山城文化仍然把历史变化想象成命运轮回：兴、衰、盈、亏。从笛卡尔和培根开始，一种感觉开始在西欧出现：历史正在绘制另外一种轨迹，这种轨迹不再是无休无止的兴衰循环，而是一种稳步攀升。普里斯特利的书试图捕捉那种直觉，并将其融入历史。

当时，有一种假设认为，社会和科学已经坐上了一种永动的自动扶梯，正在以不断加快的速度登上斜坡。等到普里斯特利去世时，这种假设被广泛接受，辩论转向了驱动这一过程的发动机的性质。在 19 世纪的很长时间里，辩证法是发动机。辩证法首先出现于黑格尔在其《历史哲学》（*The Philosophy of History*）里采用的抽象方式中，后来马克思和恩格斯把黑格尔的辩证法“颠倒”为唯物主义辩证法。按照这种观点，社会和知识的历史是按照辩证进步的基本法则前进的，论题与反题对立，并从这种碰撞中产生某种更高层次的综合。在数代思想家看来，这种力量的存在永恒不变、无所不及，就像引力一样。它是一种哲学方法，是一种通过争论达到比较先进的理解的方式。不难理解的是，一位逻辑学家也许会用辩证的方法来构建证明过程，但是，为什么没有经过协调的集体行为也会遵循辩证法模式呢？文化变革不一定需要采取那种特定的模式，实际上，如果认为它会模仿其他系统的特定模式，例如波浪、流行病、信息网络，则更为直观。

马克思比他之前的任何一位思想家都更为透彻地懂得，理解变化和进步的适当阐释维度要大于、深于理解个体人生的适当阐释维度，但这种阐释维度仍植根于物质世界。你不能仅仅把变化归因于个人，也不能把变化归因于某种外在、模糊的精神，就像黑格尔那样。诚然，的确存在伟大的思想家、领导者、空想家（马克思把黑格尔视为他们中的一个，也许有些过分），但那种“大人物”的历史变化观只是揭示了整个故事中很小的一部分，因为新思想、新生活方式的创造和传播是由既大于又小于个体的人的力量塑造的。马克思确定了值得被包含在那一叙事中的3种主要宏观过程：阶级斗争、资本自身的演变，以及技术创新。出于不同的原因，它们全都对历史变化的研究做出了非常有价值的贡献。它们基本上都是正确的，至少在关于它们的观点上是这样：阶级身份、资本和技术的加速发展将会是未来几个世纪的主要推动者，而且每个人都将有独立的生活，不受人类决策者的直接控制。人类制造了蒸汽机，但蒸汽机以其最初的发明者根本没有料到的方式，反过来又重新塑造了人类。[20]

当代对知识进步的看法受到了一本书的直接影响，那就是托马斯·库恩于1962年出版的《科学革命的结构》（*The Structure of Scientific Revolutions*）。这本书提出了现在的常规术语“范式”和“范式转换”。根据某些统计，库恩的这本书是20世纪最后25年里被引用次数最多的文本，它也经常跻身于20世纪最有影响力的书籍之列。在《科学革命的结构》中，库恩打算消解下面这种思想：科学进步是以线性方式发生的，是一系列无可置疑、一个接一个被发现的事实，每次突破都是朝着绝对真理迈出的具有决定性的一步。库恩将此称作“累积发展”的模式。相反地，他解释说，“常规的”科学是在一种已经得到确立的范式中运作的，这种范式是一套规则和惯例，决定了术语的界定、数据的收集、研究的边界。但是，随着时间流逝，反常的现象在范式里显现了，如无法被解释的数据、无法运用现存模式的工具来解答的问题。到了那时，某些大胆的探索者就开始践行库恩所谓的“革命性科学”，跳到旧范式的界限之外，发明最终导致旧范式瓦解的新规则和惯例。天文学中的哥白尼革命是范式转换概念的典型案例，但事实上，库恩在《科学革命的结构》中讲述的第一个延伸故事是化学中的范式转换。这一转换发生在 18 世纪 70 年代，是由普里斯特利的革命性科学引领的。

虽然库恩的体系直截了当地把科学家放在了知识变革的中心，但它与普里斯特利在两个世纪前质疑的个人天赋传说完全不同。库恩令人信服地证明，科学不是对普遍真理的直接追求，不是天才凭借纯粹的智力发现了与世界有关的新事实。相反地，科学创新出自洞察力、实证研究、特定范式的惯例这三者之间的一场复杂游戏。事实自身受到现有模式的文化规约的限制，并在一定程度上是后者创造的。然而，库恩体系的问题来自其自称的概念边界。“除了偶尔简短的旁白，”库恩在序言中解释说，“关于技术进步，外部的社会、经济、知识条件在科学发展中的作用，我什么也没说。”[21] 按照库恩的分析，变化之所以发生，是因为在常规科学的规则和预期中出现了反常现象。技术、社会、政治等外在变化并未出现在这一模式中。革命性科学在实验室里发生，隔绝于外部世界的喧嚣。但是，当科学范式转换与人类社会或宗教信仰结构的类似革命同时发生时，会发生什么呢？它们之间肯定存在因果联系，尤其是当一个人处在这么多同步发生的革命的中心之时。

有没有一种更好的组织原则、一种更好的比喻，可以用来理解诸如普里斯特利带来的概念革命？20 世纪的一个概念也许可以，即生态系统。无论是普里斯特利还是马克思，都无法使用它。即使对 1962 年的托马斯·库恩来说，它也是一种新的概念。**生态系统理论已经在多方面改变了我们对地球的认识，但作为一种知识模式，它有一种明确的特征：它是一种“长变焦”科学，通过从一个维度跳到另一个维度，从一个学科跳到另一个学科，来解释它们的研究对象。**从细菌微生物学、跨物种的营养物质循环，到全球气候系统模式，再到解释太阳能量如何与地球大气碰撞的物理学，生态系统应用于多种学科和领域。图 1-2 是生态系统科学在实践中的面貌。

图 1-2 是布雷瑟顿示意图，是与美国航空航天局有关的一个学者委员会在 20 世纪 80 年代中期绘制的。它试图显示全球生态系统理论的主要动态，全球生态系统理论是以地球系统科学的名称出现的多学科领域。虽然它在非专业人士看来已经非常令人敬畏，但在专业人士看来更加值得敬畏，因为专业人士一眼就能看到，在这个密集互联的体系里，究竟有多少不同的学科被结合在了一起。经济学家、微生物学家、大气物理学家、海洋生物学家、地质学家、城市历史学家、化学家，这些知

识群体在历史上说的语言不同，在一个咖啡厅里很少围坐一张桌子旁。然而，在布雷瑟顿示意图上，他们是互相联系、互相依存的。要理解世界系统，他们已经不得不学着说共同语言。

文化系统，可以说是好思想和坏思想的自然史，它也需要这种纵深思考，从人脑的神经网络、个体纪实，到社会、物质能量在一个不断变化的社会中的大规模兴衰和流动。文化的长变焦看上去就像图 1-3 中的景象，从非常小的东西移到非常大的东西。

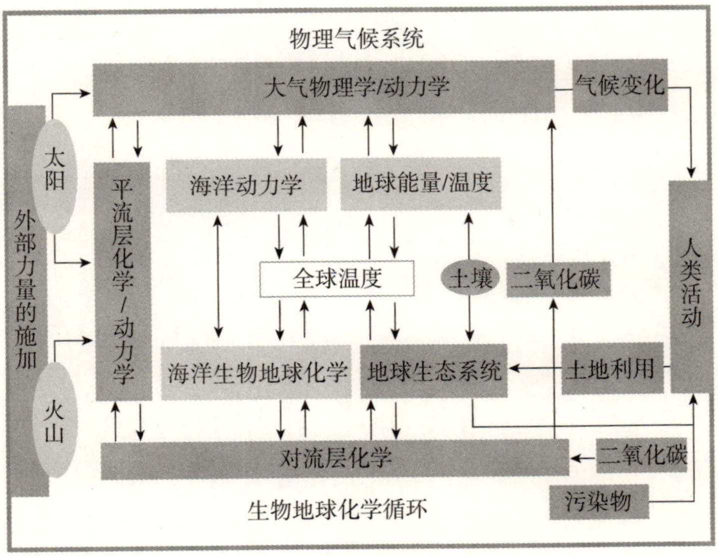

图 1-2　布雷瑟顿示意图

注：出自《地球系统科学综述》（*Earth System Science：An Overview*），美国航空航天局，1988 年

神经化学

↑↓

个体纪实

↑↓

社会网络

↑↓

信息网络

↑↓

技术平台

↑↓

科学范式

↑↓

政治体制

↑↓

经济模式

↑↓

定居模式

↑↓

能量流动

图 1-3 文化的长变焦

正如在地球系统科学中那样，每个层面都在不同的时间尺度上运行：关于手足之争或创伤性疾病的传记细节以每年或每 10 年为单位展开，而能量流动的转换可能需要数千年甚至数百万年的时间逐渐展开。[22] 经济模式和科学范式也醒目地出现在了图 1-3 中，但它们都不具备马克思和库恩赋予它们的重要性。如果文化中发生某个大事件，例如出生于利兹的一个男人持续进行一系列先驱性自然哲学研究，聚在地球一块地方的几个国家同时彻底改造科学和政府，那个事件就很少会是某个层面独有的结果，不管这个单一层面是一个人的天赋，还是一种新的经济阶层的兴起。当各个层面联系到一起时，史诗性突破发生了。当能量流动、定居模式、科学范式、个人生活共同巩固了那种同步性时，新的思想才会出现，并在更为宽广的社会层面上传播。

如果从生态系统的视角来探讨普里斯特利的轨迹之谜，就会发现其中存在某种诗意，因为他在这一时期产生的最具开创性和原创性的思想成了 20 世纪生态系统科学的基本原则之一。这是思想之美，它们有时候会产生一些线索，这些线索能够在数百年后帮助你理解它们自身的起源之谜。**山峰把你高高举起，足以让你看到那些最初形成山峰的陆地。**

流动的思想才能进入圣殿

当然了，长变焦历史并没有完全避开个人生活。在解释普里斯特利的轨迹时，最好从核心的个体纪实开始：他搬家了。1767 年夏天，普里斯特利和玛丽收拾起他们在沃灵顿的财产，包括电设备、玻璃瓶和不断增多的藏书，他即将成为利兹的米尔－希尔教堂的牧师，所以要搬到那里去。虽然与他以前的职位相比，这份新工作需要他向更多的郊区居民布道，但他的日常职责比在沃灵顿学院的教学轻松得多，一天只需工作一两个小时。他的妻子操持家务，照看他们 4 岁的女儿萨莉，这让他有了更多时间来研究、发明、写作。他当时在追溯富兰克林在 20 年前开创的一种模式。富兰克林于 1748 年把他的出版生意的日常运营交给了他的监工戴维·霍尔（David Hall），然后利用接下来的 3 年改变了电学。需求也许是发明之母，但大多数伟大的发明家都有幸拥有另外一种东西：闲暇时光。

这次搬家也以比较随机的方式启发了普里斯特利。普里斯特利夫妇一抵达利兹就发现，班兴厅街上的牧师官方宅邸仍然在翻修中，于是，他们在梅多巷住了一段时间。他们住的房子正好挨着“杰克斯和内尔公共啤酒厂”。普里斯特利一向都很好奇，于是他很快就发现，盛放发酵液的大桶会源源不断地散发着“固定的”或“有毒的”空气，也就是我们现在所说的二氧化碳。固定空气在 12 年前才被发现，发现者是苏格兰化学家约瑟夫·布莱克（Joseph Black）。他第一个提出，我们的大气实际上也许是一种由不同成分构成的混合物，有毒的“固定”空气混合了所有动物呼吸所需的普通空气。在那个时候，作为一个研究对象，固定空气几乎像电一样迷人。于是，在数个星期里，啤酒厂困惑的工人们一直在协助隔壁的古怪牧师在那些大桶上做一系列实验。普里斯特利发现，用两个杯子把淡水来回倒，同时把它举到那些大桶上面，用不了多久就会给杯子注满固定空气，发出一种令人愉快的嘶嘶声，让人想起某些稀有的矿泉水。9 月末，在写给坎顿的一封信中，他描述了自己刚刚产生的对固定空气的痴迷，其中包括这样的话："顺便说一下，我制作了最宜人的皮尔蒙特水，并且能够在两分钟内把气泡灌注到任何水或酒中。"[23] 如果他当时想到给那种混合物里添加果汁，那么他可能也会发明冰镇果酒饮料。

在接下来的岁月里，普里斯特利将改进他的方法。1772 年年初，在和诺森伯兰公爵（Duke of Northumberland）共进晚餐时，他终于提到了他的技术。他错误地提出，他的苏打水或许能在英国海军抵御坏血病上起作用。没过几天，他就向海军部的要员们呈递了一份报告，推荐他的混合物。等到库克船长率领"决心号"和"冒险号"在 1772 年 6 月起航时，两艘船上都配备了苏打水机，由船上的医生小心操作。在海军部热情地接受了那种饮料后，普里斯特利迅速出版了一本小册子：《关于给水里灌注固定空气的指导》(*Directions for impregnating water with fixed air, in order to communicate to it the peculiar spirit and virtues of Pyrmont water, and other mineral waters of a similar nature*)。普里斯特利的发现根本无助于抵御坏血病，但它的确创造了一种终将征服地球的碳酸饮料。

普里斯特利后来把他的苏打水顿悟描述为他"最愉快的"发现，同时承认它没有多少科学价值。但是，在杰克斯和内尔公共啤酒厂遇到的机会最终引发了比较严肃的研究，那些发酵桶和不可见的有毒空气池使普里斯特利迷上了关于空气的谜团，这种痴迷最终将把他引向他人生中最伟大的发现和最令人烦恼的错误。假如班兴厅街上的牧师宅邸的翻修加速进行，那么他就有可能永远不会发现他“宜人的皮尔蒙特水”；假如没有那家啤酒厂，他就有可能不会投身于主导了他下个 10 年的探索的气体研究。我们倾向于从个人天赋和更广泛的文化范畴中谈论思想史，文化范畴包括时代精神和研究范式。但是，思想也发生在具体的物质环境中，这些环境会把它们自身独特的压力、机遇、局限和快乐的意外融入人类理解力的发展历程。如果把普里斯特利从启蒙文化中抽离出来，剥夺他的研究方法，那么他的传奇色彩无疑会消失或转化为某种迥然不同的东西。但是，如果不让普里斯特利去梅多巷，剥夺他在那家啤酒厂度过的时光，那么你可能也会获得一个不同的故事。

同样，思想也处在另外一种环境中，即信息网络。从理论上讲，我们可以想象产生于一个真空里的好思想。例如，我们可以想象，在一座冰屋里，一位孤独的因纽特科学家像变魔术那样变出了突破性发现，然后秘而不宣。孟德尔的豌豆实验差不多就是这种模式。但是，**最重要的思想之所以能进入圣殿，是因为它们得到了传播。此外，传播是双向的，因为思想之所以会产生，首先是因为它们被他人的思想触发了。整个知识传播或流动的观念都体现在“influence”（影响）这个词之中，在拉丁语中是“influere”，意思是“流入”。好的思想影响其他思想，同时其自身又受到其他思想的影响，它们相互流入对方之内。**处在不同历史阶段的不同社会拥有不同的传播模式，例如把欧洲中世纪与世隔绝、停滞的信息池与互联网超链接、开源的连通性进行比较。

无限的信息流动，无限的范式转变

你可以在普里斯特利写给电学家的信中看到，他和他的朋友就处于信息传播的循环之中：每种实验的每个细节都以人们能够想象的最丰富、详尽的形式得到传达。在那个团体里，专有秘密的想法、为了个人私利隐瞒信息的想法是不可想象的。我们不妨想想苏打水的发明创造了多少财富。然而，普里斯特利却愉快地在书信、小册子、晚宴聊天中把他的配方透露给了任何一个愿意倾听他的人，这意味着他没有意识到自己的发明的商业潜力。普里斯特利的这个决定将会对他产生终身影响，因为未来，他仍将以各种方式依靠他人的资助。[①] 但是，他无法克制自己分享的欲望，他的作品的核心主题一直是开放和大众传播。他之所以撰写《电学的历史、现状及原创实验》，就是想通过容易理解的方式全面传达当时的研究状况，从而激发新的研究。由于站在巨人的肩膀上，他无疑看得更远。而且，他还拥有一项重要资产，即可靠的邮政服务，这可以让他与巨人们分享自己的思想。然而，那种可靠性也有局限。信息网络的形成不仅依靠它们的传播速度和连通性，而且依靠它们的安全性。在普里斯特利人生的 3 个节点上，关键事件之所以会发生，正是因为一封信或一批信被盗，或不知何故落到了他人手上。在那个时期的书信体小说中，这样的情节一再发生。在一个特定的社会里，塑造思想流动不仅在于信息传播的速度，而且在于信息有多大的攻击或滥用价值。

---

① 一个名叫约翰·施韦普斯（Johann Schweppes）的人在这方面的遭遇要好一些，他在 1783 年获得了一项碳酸水制作方法的专利。时至今日，他的家族仍然生产着杜松子酒和奎宁水。

在信息网络的背景中思考普里斯特利的轨迹，让我们一路回到了伦敦咖啡厅那次决定性的会见。思想的开放交流是诚实的辉格党人俱乐部的基本信条，对于 18 世纪的咖啡厅文化也是如此。由于大学体系在古老传统中日渐式微，公司研发实验室还远在天涯，咖啡厅的公共空间在英国社会中成为创新的中心。我们可以把多少启蒙运动的推动因素归结于咖啡呢？就现在仍然值得历史教科书提及的 1650—1800 年英国的大多数史诗性发展而言，总有一家咖啡厅潜伏在故事的某个关键节点上。查理二世（Charles II）的复辟、牛顿的引力理论、南海泡沫①，这些之所以发生，在一定程度上都是因为英国培养了一种对咖啡的品位，以及对咖啡厅赋予的一种非正式社交和行业谈话的喜好。伦敦的劳埃德街一度只有爱德华·劳埃德咖啡厅，直到船主、商人开始聚在那里，共同发明了现代的保险公司。你之所以不能低估诚实的辉格党人俱乐部对普里斯特利后来的轨迹所产生的影响，正是因为他能够融入由咖啡厅环境促成的现有关系和合作网络。这不仅是因为学识丰富的科学家围坐在桌旁，毕竟英国皇家学会等比较正式的机构也提供了可资比较的聚会场地，而且是因为咖啡厅文化具有跨学科的性质，咖啡厅里的话题从电学随意延伸到了议会的滥用职权以及对英国国教的反对。

咖啡厅文化的兴起不仅影响了启蒙运动的信息网络，而且改变了所有刚喜欢上喝咖啡的人大脑中的神经网络。咖啡是一种兴奋剂。临

① 南海泡沫：经济学专有名词。指 1720 年春天到秋天之间，脱离常规的投资狂潮引发的股价暴涨和暴跌，以及之后的大混乱。——编者注

床已经证明，喝上一两杯咖啡能够改善认知功能，尤其是在做与记忆相关的任务时。如果增加流经个体大脑的“聪明药”的量，并且足够多的人服用了“聪明药”，那么集体的文化智力就会提高。如果在你的社会中制造足够的咖啡因滥用者，那么在统计上你就更可能开启一个理性时代。这听起来像一个长期喝咖啡者自我辩解的幻想，但是如果合理地把咖啡和启蒙时代联系起来，那么你就必须考虑 17 世纪欧洲滥用药品的背景。从长期来看，喝咖啡者并不一定比那些不喝咖啡者聪明，即使他们在喝了第一杯后更聪明一些。但是，当喝咖啡最初在 17 世纪中叶作为一种大众现象出现时，它并不是要诱发一种完全清醒的文化。它取代了酒精，成为白天的自选“药物”。历史学家汤姆·斯丹迪奇（Tom Standage）在其巧妙的著作《上帝之饮：六个瓶子里的历史》（*A History of the World in Six Glasses*）中写道：

> 咖啡在 17 世纪被引入欧洲的影响尤其引人注目，因为那个时代最常见的饮料是淡啤酒和葡萄酒，即使在早餐时也是如此……那些不再喝酒、改喝咖啡的人白天一上来状态就很警觉、颇为兴奋，而非放松、轻度醉酒，他们工作的质量和数量提高了……西欧开始摆脱持续了数个世纪的酗酒。[24]

18 世纪那些网络化、喝咖啡的人们摆脱了数个世纪之久的狂饮，继承了牛顿物理学的精神，信仰科学方法，相信可以从复杂的行为中发掘出简单的法则，并发现自己处在一个等待发现的世界之中。日常世界中充满了神奇现象，如空气、动物、植物、岩石、天气，它们此前未用科学方法的概念工具考察过。这种对未知领域的感觉也有助于解释普里斯特利为什么能在那么多不同学科做出创新性发现，为什么总体上启蒙文化产生了那么多不同的范式转换。因为每个领域的历史都存在一种令人尴尬的推测和迷信传统，所以业余爱好者才能做出具有革命性的科学发现。当时，每个学科突然间焕然一新。在他的《电学的历史、现状及原创实验》的序言里，普里斯特利充分地表达了这一点：

> 特别是电学，在其中做出新发现的空间非常大。它是一个刚刚开启的领域，人们不需要太多的专业知识储备。如果有人还算精通实验哲学，那么他也许不久就能和经验最丰富的电学家并驾齐驱了。[25]

如果说在这特殊的几十年里，普里斯特利及其同仁发掘出了令人惊奇的科学宝藏，那么这至少在一定程度上是因为土壤太浅。

不过，在这种背景下谈土壤就有些混淆基本的比喻了。普里斯特利在这一时期做出的两大发现其实与土壤无关，而与空气有关。这两种发现中的一种，也是迄今为止比较著名的一种——革新化学，只是普里斯特利在阐释时令人吃惊地犯了错误。但是，关于另外一个发现，他解释对了。

像创新者一样思考

THE INVENTION OF AIR

1. 当宇宙中的一种基本力量首次被科学正式理解时，依赖科学而存在的流行技术的出现往往会滞后一段时间。

2. 普里斯特利发明了一种崭新的想象科学的方法。他没有效仿那种统一的牛顿式宣言，而是把自然哲学改写成了一个关于进步的故事，把它想象为一段不断向上延伸的启蒙阶梯，每一项创新都有赖于上一项创新。

3. 生态系统理论已经在多方面改变了我们对地球的认识，但作为一种知识模式，它有一种明确的特征：它是一种“长变焦”科学，通过从一个维度跳到另一个维度，从一个学科跳到另一个学科，来解释它们的研究对象。从细菌微生物学、跨物种的营养物质循环，到全球气候系统模式，再到解释太阳能量如何与地球大气碰撞的物理学，生态系统应用于多种学科和领域。

4. 如果从生态系统的视角来探讨普里斯特利的轨迹之谜，就会发现其中存在某种诗意，因为他在这一时期产生的最具开创性和原创性的思想成了 20 世纪生态系统科学的基本原则之一。这是思想之美，它们有时候会产生一些线索，这些线索能够在数百年后帮助你理解它们自身的起源之谜。山峰把你高高举起，足以让你看到那些最初形成山峰的陆地。

5. 最重要的思想之所以能进入圣殿，是因为它们得到了传播。此外，传播是双向的，因为思想之所以会产生，首先是因为它们被他人的思想触发了。

THE INVENTION OF AIR

THE INVENTION OF AIR

2 发现氧气，漫长的直觉终于开花结果

顿悟只是一种科普神话，因为思想不会真的从天而降，也不会从我们潜意识里一跃而出。我们仍未意识到，绝大多数好的思想的发展有多么缓慢，以及它们为何往往需要作为直觉潜伏几十年，然后才会开花结果。

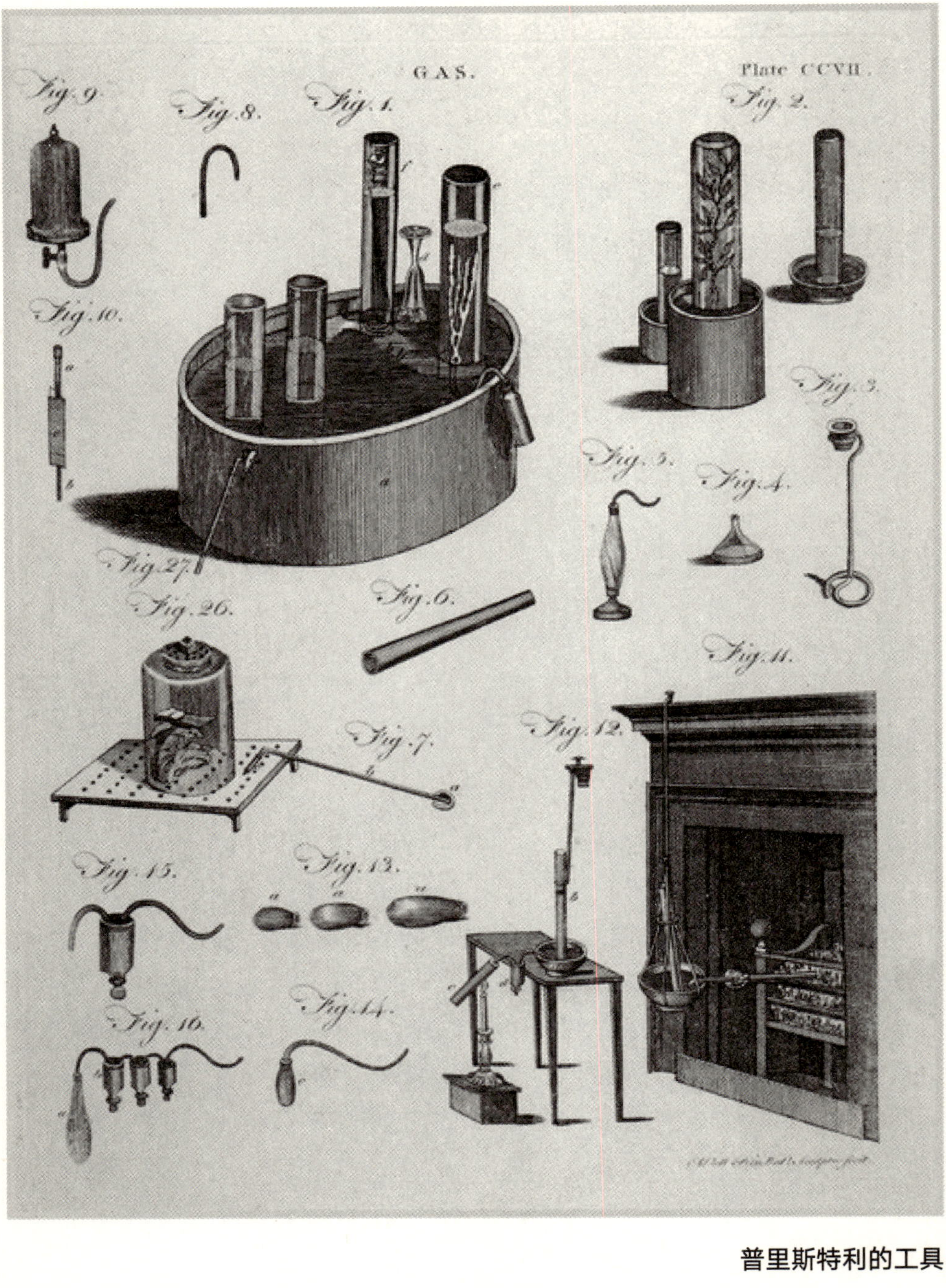
GAS.
Plate CCVII.
Fig. 9
Fig. 8
Fig. 1
Fig. 2
Fig. 10
Fig. 3
Fig. 5
Fig. 4
Fig. 27
Fig. 26
Fig. 6
Fig. 11
Fig. 12
Fig. 7
Fig. 15
Fig. 13
Fig. 14
Fig. 16

普里斯特利的工具

1771 年 8 月 I 利兹

经历了一次令人印象深刻的错误后，普里斯特利步入正轨，产生了很多好的想法。

作为一个在约克郡乡下长大的孩子，普里斯特利曾经把蜘蛛捉进密封的玻璃罐中，然后观察其要过多久才会失去生命的活力。他的这一“爱好”给他的弟弟蒂莫西（Timothy）留下了深刻印象。在普里斯特利葬礼的悼词中，蒂莫西就特意提到了这一点，以证明普里斯特利 11 岁时便显露出科学才智。实际上，无论是小男孩还是科学家，他们都清楚，如果空气供应有限，生物就会死亡，但是这一过程后面的机制是一个谜。难道那些生物不知何故耗尽了它们呼吸的空气？如果是这样的话，罐子里还剩下什么？或者，它们自己释放了某种不可见的物质，毒化了周围的环境？抑或是别的某种因素在起作用？奇怪的是，在那些生物最后的抽搐之后，罐子里的空气并没有发生明显变化，但是它又的确拥有了一种独特的令人困惑的新特性：把一根点着的蜡烛放进罐子，它会不可避免地闪烁并熄灭。

普里斯特利夫妇终于搬进了班兴厅街的牧师宅邸。普里斯特利在那里建起了一个家庭实验室，他从玛丽的厨房借了不少基本设备。即使是在班兴厅街，啤酒仍在他的研究中发挥了有趣的作用：那些以科学的名义“牺牲”的老鼠和青蛙经常被安置在他从玛丽的橱柜里偷来的啤酒杯中。他的实验室里最重要的装置是“集气槽”，用来捕获、操纵斯蒂芬·海尔斯（Stephen Hayles）50 年前首次发现的气体。普里斯特利的第一个集气槽是玛丽的洗衣槽，但由于他不断加速的研究和不断扩大的家庭，他将不得不按照他的研究需要设计、建造他自己的集气槽。普里斯特利不断修改集气槽的设计，最终选定了一个长方形的木制盒子，长 61 厘米，高 23 厘米。他在集气槽的一端建造了一个架子，在架子上切开一些“喷气口”，大小可以容纳一根小管子。普里斯特利会在集气槽里注水，但如果他要用水溶性气体做实验，则注入水银。普里斯特利让水平面或水银平面刚刚高过架子，然后就能够把他的玻璃容器放在架子上，用容器中的气体进行一系列令人惊奇的实验。集气槽的关键在于，容器底部的水立即封闭了气体，但与此同时又具有足够的渗透性，使普里斯特利能够把一些东西插进容器。他可以在另一个容器里制造一种气体，然后把它抽进架子上的容器里；或者，运用一种“燃烧透镜”焚烧装在容器里的物质，“燃烧透镜”把太阳的光线集中到点，足以点燃最易燃的物质。在众多涉及把一只活老鼠放进一个密闭容器里的实验中，他抓住老鼠的脖子，迅速将它穿过水层放入容器，然后把它们放在架子上。

那株植物顽固地拒绝死去

1771 年春末，普里斯特利决定变个法子来做他童年时做过的实验。如果动物在一个密封的罐子里会迅速死去，那么一株植物遭受相同的命运需要多长时间？活物显然不可能在这样的环境中存活很久，但问题是究竟多久？一株植物的生存时间能超过一只老鼠或一只青蛙吗？或者，它在罐子密闭的环境中只是会比较虚弱而已？他走进花园，从地上拔起一小株薄荷。普里斯特利总是把它称作薄荷“小枝”，但它似乎是一株完整的植物，因为他提到了它的茎和根。他把那株薄荷放入已经倒扣在集气槽上的一个玻璃罐子中，然后耐心地等着它死去。

富兰克林在 5 月 23 日拜访了普里斯特利夫妇，就在几天前，普里斯特利决定把薄荷小枝封闭在玻璃罐中。富兰克林此前一直在英格兰北部旅行，和几个熟人参观了一些工业地区。他们在布莱克维尔的大理石厂考察了水力驱动的锯子和抛光机，然后沿着曼彻斯特的布里奇沃特运河（Bridgewater Canal）顺流而下，最后抵达了运河另一头密密麻麻的煤矿。他们看到了马修·博尔顿位于伯明翰的著名的索霍铁厂（Soho Ironworks），瞥见了一种奇异的势不可当的机械化未来的景象。“制造一颗纽扣的工作有五六道工序，”富兰克林的同伴乔纳森·威廉姆斯（Jonathan Williams）在日记中写道，“每道工序只需一秒钟的时间。他也生产镀金属的商品，如表链和各种五金器具，它们全都是通过机器制作的，儿童和妇女承担了绝大多数工作。”[1]

这是一个令人眼花缭乱的新世界，熔炉、厂房、运河在山麓星罗棋布。相比之下，普里斯特利位于利兹的家庭实验室肯定显得像一曲田园牧歌。我们不知道普里斯特利是否跟富兰克林谈了他对薄荷的好奇，威廉姆斯只是写道，普里斯特利“做了一些非常漂亮的电学实验，还做了一些与不同气体的不同属性有关的实验”。[2]

在接下来的几年里，随着普里斯特利的朋友圈不断扩大，他与富兰克林在其北方之旅中拜访过的工业巨头都有了联系，实验室里也逐渐增加了一些专门为他的研究需要而设计、生产的工具。但是，在利兹的最初几年里，普里斯特利的设备给人一种令人赞叹的拼装、借用的感觉，就像我们现在所谓的“改造”，即拿来别人为其他目的设计的工具，然后创造性地将它们复用，以满足自己的需要。

我们之所以如此了解普里斯特利的设备，是因为他痴迷于分享自己的设备的细节，他先和英国皇家学会、诚实的辉格党人同仁分享，然后在自己出版的著作中分享。当普里斯特利终于把他所有的化学实验塞进一部 6 卷本的巨著里时，他在开头 100 页列了一份清单，详尽罗列了他用于革新化学的工具。第一卷的开头是一幅折页插图（图 2-1），图中生动地描绘了玻璃管、广口瓶、烧杯，这些东西整整齐齐地排列着，仿佛一幅全家福。

在这幅图像中，最引人注目的是到处弥漫的完全开放的精神。普里斯特利的奇迹柜中没有魔术师那些不想为人所知的东西，他真的想让你看到一切。这些细节会让你心惊胆战，要让你对所有的段落非常熟悉，以至于有些段落看起来似乎更像某种极其复杂的家用设备的安装指南，例如以下这一段：

> 我想把一种特殊的气体加入一种完全干燥的东西中，但这种东西无法被轻易地放进小玻璃瓶里，尤其当它是粉末时，我只能把它放到一个架子上，就像那些需要用到燃烧透镜的实验那样。此时，我首先要排空一个此前盛放过它的容器，然后拿一个玻璃管，为了实验的目的使之弯曲，把它拧到此前排空容器的空气泵传输的东西上。[3]

图 2-1 普里斯特利的玻璃实验工具

毋庸置疑，这种难以抑制的分享欲部分源于一个事实：**作为科学家，创造性地运用工具是普里斯特利的一大技能。他是一个巧用工具的改装者，不是一个理论家，因此他把技术创新及其产生的科学思想放在一起展示就十分合情合理了。但是，他之所以不厌其烦地记录他的技术，还有一个更深层的目的，那就是信息网络。普里斯特利的整个前进模式是建立在这样一个前提之上的：思想必须流动、循环，才能产生更好的思想。**他之所以如此详尽地公开他的技术设备，并且无数次在没有充分核实的情况下发表实验数据，原因就在于此。这也是他和富兰克林共有的一种敏感性。1753 年，在写给柯林森的一封信的结尾，富兰克林用下面的文字总结了他的电学实验：

> 我亲爱的朋友，这些想法中有很多是粗糙且草率的。如果只是想获得某种哲学名望，我应该秘而不宣，直到它们得到时间和经验之父的纠正与改进。但是，就连科学新分支中简短的暗示、不完善的实验在得到传播后，也常常会取得不错的效果，引发学科天才的注意，偶尔还会就像我以前观察到的那样促成比较精确的研究和更大的发现，所以你可以和任何人交流这篇论文。相较于被看作一位准确无误的哲学家，更重要的是增加知识。

简而言之，引发天才的注意力是普里斯特利的使命。如果不分享为实现这一使命所遵循的所有路径和组装的所有设备，写一本关于科学进展的书就失去了它全部的意义。

事实证明，有时候，那些路径上的临时变道是最具创造性的。当普里斯特利决定把他的薄荷密封在一个逼仄的玻璃罐里时，他料定它将在几天或几个星期里枯萎、死去。但是，当他6月份回来观察那株植物时，某种奇怪的令人意想不到的事情发生了。那株植物顽固地拒绝死亡。

> 除了它所处状态必然产生的后果外，这株植物没有受到任何别的影响。至于在其他几种空气中生长的植物，则全都受到了同样的影响——每一串叶子都比以前缩小了……根腐烂了，连带着茎也腐烂了。然而，这株植物仍然在向上生长，通过一根发黑、腐烂的根茎获取营养。[4]

普里斯特利的预测完全错了，实际上，那株坚毅的薄荷继续生长了整整一个夏天。此外，还有几个令人不解的谜团。如果把一根点着的蜡烛放进玻璃罐，靠近那株薄荷，它可以继续燃烧。如果把一只老鼠放进玻璃罐，靠近那株薄荷，它能够存活10分钟。如果把一只老鼠放进那个没有放薄荷、另外一只老鼠此前在里面死去的玻璃罐，那么短短几秒后，它就开始抽搐。不知何故，那株薄荷正在让使蜡烛熄灭、老鼠抽搐的东西失去作用。

也正是在这里，我们发现自身处在典型的库恩所说的范式转换的分界线上，一块古老的可理解大陆与某块未知的陆地发生了碰撞。在某种程度上，对主导模式构成挑战的数据出现了。它要么产生了不符合那种模式的预期的结果；要么产生的结果太奇怪，让那种模式完全失去了意义。从历史记录来看，我们现在还不完全清楚普里斯特利在多大程度上意识到了他观察到的现象的全部意义。他在那个夏末给富兰克林写信，谈了一个新发现，但那封信的原件丢失了，因此我们无法确定普里斯特利说的就是他的薄荷实验。我们只知道，富兰克林给坎顿写了一张便条，转达了普里斯特利的信息：

> 我刚刚收到普里斯特利博士的来信，其中描述了他的一个新发现。这个新发现很奇妙，如果成立，它将打开一个新的知识领域，所以我立即把它寄给了你。请在普赖斯回来后和他交流一下。[5]

对普里斯特利来说，通过思考班兴厅街上的实验室里的那株坚韧的薄荷，意识到一场库恩式革命即将到来，是比较困难的。这不仅是因为这种概念尚不存在，更重要的是因为对他来说不存在需要颠覆的“主导范式”。在过去的那个世纪里，作为一种科学，空气研究本身只是刚刚开花。17 世纪末，罗伯特 · 玻意耳（Robert Boyle）就空气的压缩与扩张做了研究，布莱克对二氧化碳做的研究较之更晚一些。在玻意耳和布莱克之前，人们几乎从未想过要考察空气，因为世界充满了各种东西，比如人、动物、行星、薄荷枝，它们之间的联系是一片空无。当世界上有那么多东西需要解释时，你为什么要研究空无呢？空无中不存在需要解释的问题。一种负强化循环出现了：缺乏一个清晰问题阻碍了提问，提问的缺乏导致问题像空气那样不可见。正如普里斯特利有一次在写到牛顿时所说的那样："他对空气知之甚少，所以几乎不会对它感到困惑。"[6]

顿悟只是一种科普神话

既然前人对空气并不感兴趣，那在普里斯特利所处的时代，人们对空气的困惑来自哪里？为什么空气问题在那个具体的时间点上变得明显了？为什么普里斯特利、玻意耳、布莱克能够看清问题，并开始尝试回答它？1770 年地球上有 8 亿人，每个人的生存都绝对依赖空气，为什么普里斯特利、玻意耳、布莱克超越了其他人？

要回答这些问题，一个方法是参考技术的历史这一角度。他们之所以能够探索问题，是因为拥有了新工具。就像发电机对普里斯特利在沃灵顿进行的研究不可或缺那样，空气泵对他在利兹的实验室同样至关重要。空气泵是由奥托·冯居里克（Otto von Guericke）和玻意耳设计的，后者与其助手罗伯特·胡克（Robert Hooke）在 17 世纪中叶合作完成了设计。如果不能以一种可控的方式移动空气，就不可能做实验，正如没有可靠的发电方式，就不可能研究电。

在某种程度上，空气泵通过间接的方式显示出需要研究的东西，在 17 世纪开启了整个气体化学领域的研究。如果空气只是事物之间的空隙，那么还有什么可研究的呢？[7] 但是，空气泵使你能够从一个有限的空间里移走所有空气，从而创造一个真空。虽然有没有空气在视觉上难以分辨，但真空的表现与普通空气迥然不同。在真空中，钟不会响，蜡烛会熄灭。冯居里克发现，如果一个金属球由两部分构成，如果抽空中间的空气，那么这个金属球就会牢牢闭合。因此，空气泵不仅有助于证明空气研究自身有理，而且造就了启蒙运动早期科学的一大奇观。

图 2-2 这幅版画描绘了富有传奇性色彩的马格德堡半球实验场景。冯居里克在斐迪南三世（Ferdinand Ⅲ）面前进行了实验展示，让后者备感惊奇：每队 8 匹马的两个马队试图拉开被真空的力量密闭的两个半球，结果令人吃惊地失败了。

图 2-2　马格德堡半球实验

当我们想到促进科学发现的技术进步时，脑海里会浮现一种明确的视觉形象：**工具拓展了我们的视野，让我们以新的清晰度观察研究对象，或窥见非常远、非常小的事物的新层面。**典型的例子就是望远镜对早期物理学的影响以及显微镜对细菌学的影响。但是，新的观察方式并不总是有助于揭示发现的关键所在。空气泵并没有让你真的看见真空，这当然是因为没什么可以看见的。但是，它可以让你间接“看见”真空，在那种战胜所有马力、把马格德堡半球闭合在一起的力量里“看见”真空。普里斯特利早生了两个世纪，无法看到他的啤酒杯中互相碰撞的分子，但他掌握着一种同样重要的技术突破：他可以测量那些分子，或至少可以测量它们集合在一起形成的气体。他有温度计，能够记录温度的变化，更重要的是，他拥有一套描述那些变化的标准单位。他有测量重量变化的天平，比达·芬奇在 3 个世纪前创造的天平精确 1 000 倍。

科学史上有一种标准模式：当测量工具的精度大幅提高时，往往会出现新的范式，因为新获得的精确度会显示此前未发现的异常现象。提高天平精确度的一个关键好处是：几乎没有重量的东西突然变得可以称量了。如果没有在实验中采用最新的天平，布莱克就不可能发现二氧化碳，也不可能发现它和普通空气令人费解的混合。布莱克加热了一定量的白色氧化镁，并在此过程中发现它的重量稍微轻了一些，整个探索由此开始。如果使用比较古老的天平，他就察觉不到这样的差异。重量的变化表明，某种东西正在逃离氧化镁，进入空气。接下来，通过做比较实验，加热多种物质，布莱克得以精确地判定二氧化碳的重量，并随后证明了这种气体的存在。它有重量，因而它存在。

所有这一切都有助于我们理解为什么整个空气问题在普里斯特利的时代变得可以想象，为什么普里斯特利及其同时代的人能够开始以他们的方式解决这个问题。空气的问题之所以会流传开来，并不是由于任何模糊的时代精神的原因，也不是因为某个独处的天才突然大彻大悟。空气之所以会成为一个有趣的问题，主要是因为一些技术照亮了最不可见的物质。科学高峰正在把探索者举得更高，同时在某种程度上，这座山又正在被空气泵、温度计、天平这些新工具移动着。

然而，这只是一个不完整的答案，因为要解释是什么把普里斯特利带到了利兹的实验室，又是什么驱使他把薄荷枝放进玻璃罐，你还必须问下面的问题：为什么是普里斯特利，而不是别的某个人？为什么不是富兰克林，或者是像普里斯特利、布莱克那样在同一技术体制中做研究的其他诚实的辉格党人？

正是在这个问题上，我们通常会接触到个体纪实中的巧合事件，通常是在天性和教养的联合驱动下发生的巧合和个人逸事的随机组合。例如：他碰巧受教于一位有影响力的导师，这位导师让他对那一领域产生了兴趣；或者，他碰巧拥有某种不寻常的认知天赋，这种天赋使他比他的竞争者看得更远、更深；抑或更具喜剧色彩的是，他碰巧坐在那棵苹果树下。

然而，在表层的湍流之下，肯定有可以识别的细流在流淌。在尝试回答如何不懈攀登的问题时，我们能否在传记的维度中发现一些或许可以帮助我们攀登其他山峰的原则？我们能否从普里斯特利这个人、他的敏感性或气质中学到某种有用的东西？

也许，最重要的因素，也是在现代创新指导类书籍中最受忽视的因素，其实很简单，那就是普里斯特利在跟随一种长远的直觉。自从他和弟弟蒂莫西第一次把蜘蛛放进玻璃瓶，他就一直在跟随那种直觉，以一种不经意的方式探索了 30 多年。虽然没有可以解决问题的概念工具，甚至刚开始不知道怎样解释问题那么有趣的原因，但他凭直觉感到，在切断空气供应会导致生物死亡这个问题中存在非常有趣的东西。正是在这种直觉的引领下，他考察了杰克斯和内尔公共啤酒厂，在沉浸于电学研究之后回到了气体化学研究。普里斯特利的回忆录和通信显示，在搬到利兹开始对空气进行系统的研究之前，他曾经“长时间”苦思冥想有毒空气和有益空气的循环。

当然了，那种认为直觉对科学突破至关重要的想法并不新鲜。关于普里斯特利，有趣的不是他有一种直觉，而是他有智慧和闲暇时间，这两者让那种直觉在表象背后潜伏了 30 年，最终发展、演变，与普里斯特利生涯中的每个新里程碑相连。我们知道，**顿悟只是一种科普神话，因为思想不会真的从天而降，也不会从我们潜意识里一跃而出。我们仍未意识到，绝大多数好的思想的发展有多么缓慢，以及它们为何往往需要作为直觉潜伏几十年，然后才会开花结果。**机遇垂青那些有准备的大脑，而普里斯特利一直准备了 30 年。我们用灵感乍现等词来谈论伟大的思想，但大多数伟大的思想是在几代人的尺度上发生的，而非数秒，比如达尔文“发现”自然选择的迟缓速度。伟大的思想大多是以普里斯特利的方式发展的，始于童年的某种痴迷，然后挺过磕磕碰碰、抢跑的青春期，最终在几十年后开花结果。

对普里斯特利横跨多个兴趣领域的思考来说，这种长期培养的模式是有效的。18 世纪 50 年代，他做的关于基督教被曲解的笔记塞满了他在尼德姆的抽屉。20 年后，它们一出现就彻底摧毁了同时代的基督教信条，充分展现了他的才华。普里斯特利对重构教育系统的直觉首次出现于他在沃灵顿准备的课程里，然后使《电学的历史、现状及原创实验》的序言显得生动感人，并最终在他晚年和托马斯·杰斐逊的友谊中扮演了一个关键角色。

鉴于人脑的生物学结构，那种经常以这种方式发挥作用的直觉造就了直觉式感受。思想形成于自我激活的神经元网络，出自一簇簇的神经元，每簇神经元都关联着一种思想、记忆或情感的某种阴影。当我们想到某种概念或体验某种新刺激时，一个复杂的神经元簇网络就同步开通了。虽然普里斯特利对神经元一无所知，但他赞成这种联结论的一个广义版本。他是从英国哲学家戴维·哈特利（David Hartley）那里了解到这一理论的，哈特利的认知“振动”模式影响了现代神经元联结理论。[8] 普里斯特利在利兹的实验室中，把一根薄荷枝放在一块玻璃下面，于是上百簇神经元照亮了他的大脑：他对弟弟蒂莫西和蜘蛛的记忆、沃灵顿花园里薄荷味的记忆、在啤酒厂发酵缸上冒出的污浊空气的记忆纷纷出现。每当那些联结一起被激发，它们之间的联系就会增强，等到下一次某种新刺激因素激发网络的某个部分时，它们就更有可能作为一个整体得到触发。

当那种思想形成时，它的形状和思想史赋予它的传统形状毫无共通之处。它不是顿悟的剧烈跳跃：

困惑→灵光一闪→清晰

它也不是辩证法的对立：

综合
↑
命题 ⇄ 反命题

一种思想形成时的形状看上去更像图 2-3 那个样子。

图 2-3 这种网络形状是外部信息网络，比如咖啡厅和互联网，对创新过程如此关键的原因之一，因为那些网络经常提供新的连接，使孤独的发明者不至于停滞不前。但是，直觉存在那么长时间也表明了另外一个关键维度：重要的不仅仅是发明者的社交网络，还有发明者把他过去的自我连接成网络的具体方式，以及他将旧思想和联系持续存储于大脑中的能力。如果伟大的思想通常是以碎片的方式抵达的，是一簇神经元的一部分，那么拥有伟大思想的秘密就部分存在于创建一个工作环境，

使那些碎片在时间流逝中得到维持和培育。这显然在现代工作环境中有一定困难，因为现代工作环境中有截止日期、季度报告、年度工作总结。如果一个雇员对某种东西产生了一种直觉，但这种直觉可能 20 年也看不到结果，典型的中层管理者就不会做出有利的回应。但是，普里斯特利已经为他自己创造了一种环境。在这种环境中，长期直觉可以在几乎没有任何压力的情况下蓬勃发展。此外，他有同时就多种主题撰写多篇文章的习惯，这种习惯让那些碎片可以在他的大脑中存活数十年。**在他回忆录的最后几页里，他提到了一个他保持了一生的习惯，就是“尽可能快地”记录“我不希望忘记的一切”。**[9] 如果没有诚实的辉格党人俱乐部这一社交网络，普里斯特利也许永远不会迎来他在利兹的黄金岁月，但他也拥有一个把他自己的思想“社交化”的窍门。

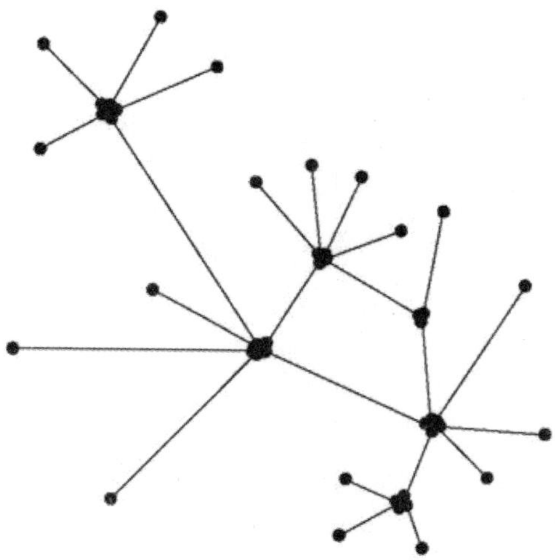

图 2-3　思想涌现的形状

在攀登山峰时，普里斯特利的方法的最后一个元素赋予了他一个独特的优势，那就是他的研究风格独一无二，非常适合他正在奋力解决的问题。在发展的早期阶段，普里斯特利的典型方法碰巧非常适合气体化学的研究。普里斯特利拿来数十种矿物、植物和有机物，让它们接受一系列似乎无穷无尽、变化繁多的实验：烧灼、加热、密封到瓶子里。如果他试图解决的是万有引力或自然选择之谜，那么他的方法就没什么用了。但事实证明，要解开空气之谜，你可以创造性地运用洗衣盆、啤酒瓶，以及一种想象新组合的天赋。他已经把老鼠和蜘蛛放进了一个玻璃罐中，看着它们死去，那为什么不尝试一株植物呢？

薄荷正在修复"腐烂的"空气

接下来发生的事情可以说是普里斯特利的组合天赋的一次成功运用。当他确信，尽管受到了限制，但玻璃罐中的薄荷存活了下来之后，他决定给实验做一次简单但根本的调整，并且这种调整只需短短数秒。1771 年 8 月 17 日，在对那些异常健康的瓶装薄荷枝进行了一个夏天的分析之后，普里斯特利用一根细金属线的一端拴住"一小段蜡烛"，然后把金属线扭弯，让蜡烛的一端朝上。他点着蜡烛芯，把火焰挨着一根新薄荷枝，薄荷枝的根漂浮在一池水中。然后，他慢慢把一个玻璃罐盖住薄荷枝和火焰，等着蜡烛烧尽容器里的空气。普里斯特利知道，如果一只老鼠或蜘蛛被放置在这样的环境中，那么它短短数秒就会死去，因为蜡烛已经烧尽了“好”空气中维持生命的成分。但是，那株植物会存活吗？当火焰熄灭时，他从玻璃罐底部的水中拔出那根金属线，让薄荷枝独自处在玻璃罐中，一点新鲜空气也得不到。

8 月 27 日，普里斯特利再次观察了玻璃罐中的薄荷。10 天前，由于罐中缺乏新鲜空气，一道火焰熄灭了。在这段时间里，没有新空气进入瓶子。普里斯特利根据经验知道，一个处在那种状况下的空玻璃罐完全不利于燃烧，对被限制在那里的任何有机体也是如此。但是，当他在玻璃罐中点燃一根蜡烛时，他发现“它的火焰很旺”。[10]

这是名副其实的新信息。他的第一次实验已经证明，植物未能像活的动物那样，耗尽或毒化空气。但是，挨着薄荷枝燃烧的那道火焰暗示了一个非常激进的观点：植物在恢复某种对空气来说非常基本的东西；或者说，它们在创造空气本身。“在那个夏天的剩余时间里”，他反复做了那种实验“8 次或 10 次……结果完全相同”。各种可能性促使普里斯特利立即进行了一系列调整：

> 有几次，我把蜡烛燃烧后的空气分成两部分，把那株植物放进一部分里面，留下另一部分原封不动，也装在一个浸在水中的玻璃容器里，但里面没有任何植物。我每次都发现，一根蜡烛在前者中会燃烧，在后者中则不会……我发现，当植物生长旺盛时，一般五六天就足以恢复这些空气；反之，我也曾把燃烧后的空气装在玻璃容器里，浸在水里好几个月，却没有观察到它发生

> 任何变化。我还尝试做了各种实验，例如通过冷凝、稀释、暴露在光和热之中，把它放进有很多种物质的臭液里，但一点儿效果也没有。[11]

到了 1771 年秋天，普里斯特利对他的结果有了足够的信心，开始向诚实的辉格党人传达这一消息。“你也许可以相信我寄给你的实验记录，那些实验与因动物呼吸而腐败、有毒的空气的恢复有关。我也把它寄给了富兰克林博士。”他在 10 月 3 日写给普赖斯的信中写道，“蜡烛在其中熄灭的空气也可以以同样的方式恢复。”[12] 3 个星期后，他再次给普赖斯写信，重申了这一点。到了 1772 年夏天，普里斯特利已经换了一系列不同的植物做实验，来证实恢复效果并不是薄荷特有的。他一开始换的是香蜂草枝，它的表现好极了。接下来，他开始担心那两种植物的“香气”可能是主要原因，于是他用气味“难闻”的千里光草做了实验。在他放进玻璃罐中的所有植物里，菠菜在恢复罐中空气上最为有效。在一次实验中，仅仅用了两天，一株菠菜就让罐子里充满了易燃空气。

1772 年 6 月，富兰克林又访问了利兹。他这次带着苏格兰医生约翰·普林格尔（John Pringle），后者很快就会当选为英国皇家学会会长。普里斯特利给他们展示了恢复空气实验的整个过程，这次访问似乎又使他重新认识了他所发现的东西的重要性。7 月 1 日，他在给富兰克林的信中写道：

> 我觉得你应该已经抵达伦敦，我希望趁此机会告诉你，自我有幸在利兹见到你，我从来没有像现在这么忙过或在做实验上这么成功过。
>
> 我完全相信，呼吸造成的有毒的空气被生长在其中的薄荷枝恢复了。我在你走后的那个星期六，在薄荷枝生长的空气里放了一只老鼠，那时薄荷枝已经放进去 6 天了。老鼠在里面待了 5 分钟，没有任何不自在的迹象，并且被取出时依然活蹦乱跳。在等量的有毒空气里，一只老鼠待了不到两秒钟就死了。这部分空气与有薄荷枝的空气的光照时间一样，只是里面没有植物。这只老鼠在恢复的空气里活得很好，但在另外一部分空气里待了不超过一秒钟就差点儿活不过来了。还有一次，在一株植物曾经生长其中的 57 立方厘米的有毒空气里，一只老鼠活了 14 分钟，完全没有受到伤害。[13]

多亏了书信来往和普里斯特利的回忆录，我们现在才非常精确地获悉了普里斯特利在这种探索中做的一系列实验。我们知道众多实验的确切日期，知道他放进他的容器里的究竟是什么植物和动物。我们知道哪些动物活着，哪些死了。通过他第一人称的描述，我们能够察觉到，对于自己发现的东西，他越来越兴奋。但是，在两个世纪后回望，我们不太清楚普里斯特利究竟花了多长时间才充分领会了他所做实验的影响。对一个门外汉来说，这看上去没什么，不过是生长在一个玻璃罐中的一株植物。即使对一位自然哲学家来说，这可能也和一种有限的好奇心差不多，无非是一个薄荷枝制造了几立方厘米的空气。但是，在这种小把戏中，存在着一种全新的方式，可以用来思考地球自身及其维持生命的能力。玻璃罐中潜伏着一种系统，它是已经在地球上演化了 20 亿年的一个庞大系统的缩影。关于这一更加广泛的维度，普里斯特利是否也有过直觉呢？

普里斯特利此时发现的东西远远超过了一种直觉。我们知道，普里斯特利当时观察的气体是氧气，又被称作“游离氧”或 O_2，是一种由两个氧原子结合而成的分子。虽然氧元素是宇宙中第三常见的元素，但游离氧在地球最初的大气里极其罕见，这种情况一直持续到大约 20 亿年前。当时，一种现代蓝藻的祖先偶然发现了一种光合过程，这一过程利用来自太阳的能量，从地球上的丰富水源里提取氢。这一新陈代谢策略非常成功，那种有机物迅速覆盖了地球表面，但也产生了一个污染问题：它把游离氧当作废品排了出来。在这一现代所说的元古代时期，大气的含氧量从 0.000 1% 暴增到了 3%。然后，经过漫长的演变，大气的含氧量增加到了目前的 21% 的水平。即使是在今天，地球大气实际上主要成分仍是氮气，占到了大气总量的 78%；其他气体，如氩和二氧化碳，所占比例不到 1%。氧气在大气中的大幅增加激发了“迄今为止地球遭受的最大污染危机”，毁灭了数不清的微生物，对它们来说，阳光和氧气的组合是致命的。[14]

不过，经过一段时间后，能在富氧环境中茁壮成长的生物演化了出来，我们就是它们的后裔。光合作用为地球创造了一种截然不同的大气，它是一个植物制造的气泡，这个气泡最初是致命的。然后，随着时间的推移，线粒体这个通过使用氧气来生产能量的发电厂演化了出来，于是一个崭新的生物族群发现了有氧呼吸的可能性，氧气变得能够维持生命了。如果没有那些演化创新，没有植物和蓝藻持续的氧生产，人类将不复存在，其他好氧生物也是如此。

这种宏大的景观可以追溯到数十亿年前，并向下延伸到细菌和分子的微观世界。当然了，对普里斯特利和富兰克林来说，这完全不是他们能想象得到的。但是，他们两个都预感到，某种深奥的东西正潜伏在薄荷的幸存中。这种预感第一次出现在纸面上应该是在 1772 年 6 月，富兰克林访问利兹后给普里斯特利写了一封信。

> 那种植物创造的事物应该恢复了被里面的动物部分败坏的空气，这看着像一个合理的系统，并且似乎是和其他东西相连的一个系统。火就是这样净化全世界的水的。它通过蒸馏来净化水，让水蒸腾，然后变成雨落下来。随后经过过滤，当雨渗透到地下时，让水再次回到液态。我们以前就知道，腐烂的动物性物质与泥土混合成肥料，可以种出可口的蔬菜。现在看来，相同的腐烂物质与空气混合，似乎产生了相似的效果。你的薄荷在腐烂的空气中茁壮成长，这似乎显示，通过从薄荷那里获取东西，而非给它增添东西，空气得到了改善。[15]

在最后这个猜想里，富兰克林对了一半：那株植物其实既“获取”

又“增添”，它吸收二氧化碳，制造氧气。但是，富兰克林对基本概念的直觉非常神奇：薄荷修复“腐烂的”空气的能力是一种更大的系统的一部分，这种系统远远超出了利兹一个孤立的洗衣槽。富兰克林几乎立即就看到了始末根由：普里斯特利的这一发现是理解地球生命循环的关键所在。

普里斯特利以前取得过那种飞跃吗，或者说他需要富兰克林帮他完善那种思想吗？我们不知道。但是，通过富兰克林书信的语调，我们可以清晰地感到：他在为朋友的实验提供一种新鲜的分析，做出一种新的连接，而非简单地重复普里斯特利在利兹的实验室里已经告诉他的东西。富兰克林有其缺点，但不包括忘记他的朋友取得的成就。他们通信中的一切都表明：富兰克林开始认为，作为一位科学家，普里斯特利即使不优于他，也至少可以和他并驾齐驱。普里斯特利也许已经快速穿过了奇迹柜，但并没有完全像一些人预料的那样，在他的薄荷实验的结果上止步不前。鉴于薄荷实验在这一时期的信件中的突出位置，我们似乎完全有理由假定，在富兰克林来访期间，普里斯特利重点介绍了它。普里斯特利本人觉得，在他最初出版的实验记录中，直接引用富兰克林的想法是适当的。这似乎证实了那种看法：关于普里斯特利的发现，更宽泛、综合的观点源自富兰克林。

关于普里斯特利的实验，如果富兰克林真的第一个提出了更广泛的推论，那么这将是他们智力二重唱的恰当延续：**富兰克林造就了作为科学家的普里斯特利，普里斯特利宣传了作为大胆的电学家的富兰克林的**

传奇，富兰克林此时则正在帮助普里斯特利领会他的发现的全部意义。

在写给普里斯特利的信中，富兰克林甚至将空气质量恢复的影响一路追溯到“绿色”政治的雏形：

> 我希望这将制止砍伐房前屋后的树木的疯狂行为。有一种观点认为它们有害身心健康，所以近来对园艺的改善中出现了这种行为。从长期的观察来看，我敢肯定，树木产生的空气中没有任何不健康的东西。由于我们美洲人的乡间住宅掩映在绿树之中，因此我们比地球上的其他人更健康、更富有创造力。[16]

在这些保存下来的普里斯特利和富兰克林的往来信件中，我们清晰地看到了历史上一出比较难以捉摸的戏剧：由于两人之间的一场对话，我们感到了在我们脚下移动的知识陆地。在这里，我们可以看到，关于如何思考地球上的生命以及我们在这一系统中的作用，一种真正的新方法首次萌生了。我们呼吸的空气不像引力或磁力，它是地球生命须臾难离的物质，专门由植物生产。这种生产自身是一种互相连接的宏大系统的组成部分，这个系统连接了处于“合理”流动中的动物、植物和不可见气体。如果这系统的核心参与者不能得到适当的认识和保护，那么我们作为人类做出的选择，例如砍伐房前屋后的树木，就有可能对那种流动产生破坏性的影响。**在发现自然母亲如何发明空气的过程中，富兰克林和普里斯特利发明了某种同样意义深远的东西：世界生态系统观。**

微妙的气流与熊熊燃烧的火焰

在普里斯特利最终出版的《关于不同种类的空气的实验和观察》(*Experiments and Observations on Different Kinds of Air*)中，普里斯特利用清晰的语言详细说明了植物光合作用的全球影响：

> 无论有多少空气，一旦被在其中长时间呼吸的动物毒化，我不知道有什么方法可以让它再次适于呼吸。然而，很显然，肯定存在某种补给，在性质上可以达成这一目的，即让空气适于火焰的持续燃烧。这是因为，如果没有这一补给机制，那么随着时间流逝，整个大气将变得不适于动物生存。现在，我们也没有理由认为，与以往相比，它不太适于呼吸了。不过，我自认为，我已经发现自然采用的一种方法。我无法分辨，究竟还有多少别的方法。[17]

到了1772年秋天，诚实的辉格党人热烈地讨论起普里斯特利的发现，英国皇家学会内部接着进行了商讨。到了11月，“鉴于他在对不同种类的空气的观察中做了众多奇妙、有用的实验”，英国皇家学会投票决定授予普里斯特利科普利奖章。科普利奖章是当时最有名的科学奖。就这样，在奖励方面，普里斯特利和他的朋友坎顿、富兰克林并驾齐驱了，他们俩早先已经拥有3枚奖章。在他们鼓励他把对实验的爱好变成一种严肃的职业仅仅5年之后，普里斯特利就达到了科学成就的巅峰。在授奖时，新当选的英国皇家学会会长约翰·普林格尔爵士进行了一场长得异乎寻常的演讲，解释普里斯特利的贡献为何那么宝贵。他特别强调了玻璃罐中的薄荷，以及可用它来解释的庞大生命系统：

> 通过这些发现，我们确信，植物的生长并非毫无意义，从森林中的橡树到田野里的草，每棵植物都对人类有用。从个体特点来看，它们并不总是很突出，然而作为整体，它们却净化了我们的大气。在这一任务中，芳香的玫瑰和致命的龙葵共同发挥作用；牧草和最偏远的无人地区枝繁叶茂的树林都对我们有益，我们对它们也是如此。不妨想想，为了我们的生存，为了它们的营养，风如何持续不断地向它们输送已受污染的空气。

通过“每棵植物都对人类有用”，普林格尔把富兰克林理性的系统转变成了一种相对以人为中心的表演。但是，即使有这样的转变，普里斯特利的发现的适用范围仍在他的演讲中得到了生动的展示：

> 我把这枚奖章、这个学会的棕榈和月桂授予你，它是忠实、不朽的见证，见证他们的敬意、他们对你功绩的公正理解，以及你宣扬学会的观点并增加学会荣誉的努力。不仅如此，我还要代表他们，诚挚地请求你继续那些自由、有价值的探索，无论是进一步推进这一也许并未穷尽的主题，还是考察宇宙中其他微妙的气体。[18]

在未来的岁月里，将有众多“微妙的气体”需要考察。普里斯特利将首先确定 10 种气体，其中包括氯化氢、氨气、二氧化硫、氟化硅。

而且，在获得科普利奖章差不多两年后，他最著名、最受争议的发现就到来了。

普里斯特利作为一位科学家声名鹊起，再加上他的政治著作，这些引起了谢尔本伯爵威廉·配第（William Petty）的注意。配第曾经担任过国务大臣，可以说是英国在知识方面最聪明、好学的政治人物。配第的爱尔兰血统和自由政治主张又让他成了最不受欢迎的政治人物之一。1772 年年末，配第提出了一项安排，想借此请普里斯特利管理他的图书馆，教育他的两个儿子，并就议会当时正在辩论的主题和材料提出建议。作为回报，配第会给普里斯特利夫妇及其子女提供比他们以往的住房豪华得多的住所，让他们在伯克利广场谢尔本宅邸附近的一座市内房屋里过冬，并在西南部的威尔特郡卡恩的谢尔本家庭庄园博伍德（Bowood）度过一年里的其他季节。普里斯特利在利兹相对自由并取得了非凡成就，他对比感到很满意，所以花了几个月权衡利弊。他给富兰克林写信征求意见，富兰克林建议他采用当时还算新奇的一种方法来解决问题。他说：

> 我的方法是，在一张纸的中间画一条线，把它分成两栏，一栏上方写“赞成”，另一栏上方写“反对”。然后，我会花三四天时间思考，把我在不同时间想到的支持或反对那一做法的不同动机简短地写在那两栏里。当我以这种方式把它们全都放在一起，使它们一览无余时，我开始努力思考它们各自的分量。当我在两边各发现了一个似乎相等的理由时，我就把它们都画掉。如果我

> 发现一个支持的理由等于两个反对的理由，我就把这三个都画掉。如果我判定两个反对的理由等于三个支持的理由，我就把这五个都画掉。这样一来，我终将发现平衡之所在。如果再思考一两天后，两方都没有重要的新情况发生，那么我就会照此做出决定。[19]

普里斯特利最终同意了配第的安排。1773 年夏天，玛丽收拾起他们在利兹的家当，威廉于前一年出生，成员增加的一家人搬到了威尔特郡。普里斯特利临时拼凑的厨房实验室被一种豪华得多的环境取代，那是一个位于谢尔本庄园新建的柑橘暖房里的实验室。他的实验室就在博伍德壮观的图书馆的隔壁，向外可以望见一片朝着一个小湖微微倾斜的翠绿草坪。这些场地是由富有传奇色彩的园林设计师兰斯洛特·布朗（Lancelot Brown）设计的。普里斯特利和玛丽还不能算进入了英国上流社会，但在他们的人生中，他们第一次走进了它的大厅边缘。有一种说法是，当配第来到他们在卡恩的新家欢迎他们时，他发现玛丽站在一架梯子上，正在辛苦地贴壁纸。普里斯特利表示了歉意，说他们没能按礼数欢迎配第，但玛丽迅速摒弃了她丈夫的礼节。“谢尔本大人是政治家，”她说，“他知道要人尽其用。”后来，玛丽坦率地对配第说：“我发现上层社会的行为举止和下层社会的一模一样，这让我庆幸自己出生于中产阶级。”[20]

在配第的资助下，普里斯特利的工具得到了改善。他最重要的工具也许是在搬家后不久获得的一面取火镜，据说它以前属于托斯卡纳大公科西莫三世（Cosimo Ⅲ）。那面取火镜是一面 30.5 厘米的凸透镜，焦距有 50.8 厘米，可以精确地集中太阳光。就像那个把蜘蛛困在罐子里的 11 岁男孩那样，普里斯特利开始用他的新工具焚烧他能得到的众多物质。

接下来发生的故事也许不像科学经典中的其他发现故事那样著名，但作为体现思想史复杂性的一种个案研究，它也许是记录在案的受分析次数最多的“发现”。这在一定程度上是因为存在一种核心争议、一个不易解决的优先权问题，并且那种争议有利于一种丰富的叙事研究。但是，它也经历了太多的动荡，因为它体现了通常伴随着范式转换的那种模糊性。库恩早就在其《科学革命的结构》中讲述了它，然后又在《科学》杂志上发表了一篇更长的文章。从那时起，它就成了一个独特的知识进步理论的实验室，科学家可以利用彼此竞争的创新模式来验证他们的假说。

事情其实很简单。1774 年 8 月初，普里斯特利把他的凸透镜转向了水银渣，也就是水银在空气中受热后留下的灰烬。这产生了一种含氮气体，其表现与我们所说的一氧化氮惊人地相似，因为有了它，蜡烛好像燃烧得非常旺。这让普里斯特利百思不得其解，因为水银里面应该不含任何含氮气体。一位朋友弄来了更纯的样品，普里斯特利又重做了实验。让他感到吃惊的是，蜡烛燃烧得更旺了。

此后不久，普里斯特利就和配第开始了一次漫长的欧洲之旅。他一路都在思考那种熊熊燃烧的火焰。在巴黎的一次重要晚宴①上，他向一些启蒙哲人描述了他的实验。安托万·拉瓦锡（Antoine Lavoisier）就在其中，他很快将成为普里斯特利的对手，也终将完成普里斯特利在利兹的实验室里发动的化学革命。这是普里斯特利本性中开放性的一个典型体现：在英国和法国的间谍积极向对方国家的工业、科学实验室渗透的时代里，普里斯特利坐下来，和法国的科学精英共进晚餐，泄露了他最令人兴奋的新实验。“我从没就我观察到的东西保守过任何秘密。”[21] 后来，在他对那场对话的描述中，他这样解释。

普里斯特利比计划提前结束了欧洲之旅，他在配第之前就厌倦了法国，回国后，他迅速对这种奇怪的新气体进行了深入研究。他设计了新实验，获得了更纯的样品。他越研究那种气体，它就越显得与含氮气体不同。慢慢地，普里斯特利开始认为，他制造了普通空气；如果是这样的话，那么它应该能支持动物的呼吸。1775 年 3 月 8 日，他把一只老鼠放进了一个玻璃罐中，同时还放入了 57 立方厘米从水银渣里产生的那种气体。正如普里斯特利预料的那样，老鼠没有立即产生不适，但接下来，一种非常奇怪的情况出现了。被密封在装有普通空气的容器里的老鼠会坚持 15 分钟，然后晕倒。但是，普里斯特利密封在罐子里的那只老鼠居然生存了 30 分钟，它或许还可以存活更长时间。“虽然它被取出来时貌似死了，”普里斯特利写道，“但它好像只是被过度冷冻了，因为在被放到火上时，它马上复苏了，并且似乎完全没有因为实验而受到伤害。”[22]

---

① 乔·杰克逊（Joe Jackson）的《燃烧的世界》（*A World on Fire*）生动地描述了那次晚宴。

在接下来的日子里，他又多次用老鼠做实验，减少了每只老鼠可以获取的气体量，并且每次都发现，那点气体量原本应该在 5 分钟内杀死老鼠，但老鼠们奇迹般地安然无恙。普里斯特利夜不能寐，认真思考着这些奇怪的事情，并且每天都早早醒来，尝试用新的方式做实验。终于，他鼓足勇气，亲自充当测试对象，吸入了那种不可思议的空气。他描述道：

> 我的肺对它的感受和普通空气没有明显不同，但我觉得胸口非常轻松，此后会舒服一阵子。谁都不敢否定，这种纯净的空气也许将来会成为一种时髦的奢侈品。迄今为止，只有两只老鼠和我本人享有呼吸它的特权。[23]

第一次呼吸终于迫使普里斯特利去面对一个令人难以置信的真相。地球上维持生命的普通空气有可能得到改善，有一种空气比普通空气更纯。在蓝藻开始向地球大气大量注入那种气体 20 亿年后，普里斯特利发现了氧气。

发现氧气，为现代生命系统奠基

在普里斯特利取得的所有成就里，在他所有的书、思想和实验里，在贯穿他事业的所有改变世界的对话里，发现氧气通常被列为其毕生事业的顶点。《大英百科全书》（*Encyclopaedia Britannica*）的普里斯特利词条用了其文本的近 1/5 来讲述氧气的发现，维基百科在普里斯特利页面的第二句就提到了这一点。

与“普里斯特利发现了氧气”这种轻巧的宣告式句子相比，事实要复杂得多，这是众多学者解析这个故事的特点的原因。普里斯特利的突破揭示了科学发现的模糊界限。“发现氧气”不同于“发现《死海古卷》”或有清晰特征且被不可否认地隐藏多年的独特目标。这么说吧，它更接近于发现美洲，因为这个说法的含义完全取决于你以什么样的视角和价值观来看这个问题。

通过其他科学家的实验记录，我们现在确定无疑地知道，在普里斯特利把他的取火镜照向水银渣之前，他们已经分离出纯氧，但未能意识到他们所做之事的意义。只有一个例外，我们稍后会谈及。就连普里斯特利好像也在较早的实验中分离出了纯氧。重要的不是普里斯特利制造了氧气，而在于他意识到他做了一件不平凡的事情，然后令人信服地证明，它是普通空气的一个纯净组分。普里斯特利一直都是一个注重实用性的化学家，他甚至开玩笑说，他的发现将来会成为一种“时髦的奢侈品”。他已经于 5 年前发明了苏打水，现在他又指出了通向氧吧的道路。普里斯特利是在一次典型的事先准备周全的实验中意外发现氧气的，但他敏锐地注意到了火焰燃烧比预期的明亮这一异常现象，并且他也有时间和毅力在将来的几个月里做进一步的考察。

然而，有人此前已经做了类似的研究。1771—1772 年，瑞典化学家卡尔·谢勒（Carl Scheele）已经用一些物质分离出了氧气，其中包括水银渣，由于它的易燃性，他把它称作“火气”。他已经证明，普通空气是两种不同气体的混合物，一种是被称为火气的氧气，另一种是他所谓的“秽气”的氮气。他直到1777年才公布了他的发现，但到了那时，那种突破早就归于普里斯特利了。

当普里斯特利在其《空气实验》（*Experiments on Air*）第四卷中描述他的发现时，他公开承认随机性在他的研究中发挥的作用，甚至还暗嘲了牛顿及其追随者的那种理论化的综合模式：

> 与这一行中的适当设计或预先设想的理论相比，我的研究更多的要归功于我们在哲学上所说的偶然性，归功于对不明原因导致的事件的观察。在那些从综合角度写这些主题的人的作品中，这种情况并没有出现。但是，我毫不怀疑，在那些以哲学敏锐性闻名、以分析和率直的方式写作的人身上，这种情况看起来应该非常明显。[24]

考虑到普里斯特利混乱的方法、对理论化一直以来的厌恶，这是一种合理的评论。如果再考虑到他刚刚取得的巨大成功，这甚至显得更合理了。但是，在那些漫不经心的对“预先设想的理论”的评论中，潜伏着一个陷阱。普里斯特利本人就陷在一种预先设想的理论中，他在余生中坚守这种理论，但事实将证明，它几乎完全没有根据。

这不是一种潜伏在阴影里的理论。普里斯特利直接把它密封在他给那种纯净的空气取的名字里了：脱燃素气（dephlogisticated air）。

这个笨拙的名字来自与模糊的气体化学领域中的主导研究范式最接近的东西：燃素理论，它是人类整个错误史中最典型的错误之一。燃素意在解释事物为何燃烧这一古老的谜团，这个词源自古希腊表示“火”的词。17 世纪末，德国化学家约翰·约阿希姆·贝歇尔（Johann Joachim Becher）第一个提出了它，贝歇尔的学生格奥尔格·恩斯特·施塔尔（Georg Ernst Stahl）对它加以改进，使之成为一种研究理论。施塔尔于 1716 年提出，一切能够燃烧的物质都含有一种名为燃素的物质，在燃烧期间，燃素被释放到了空气中。当一种燃烧物质的火焰熄灭后，空气就被认为“燃素化”了，因为空气吸收了太多燃烧的神奇成分，所以没有任何东西可燃烧了。

我们现在知道，燃素理论中有一些几乎完全落后的东西，但在普里斯特利之前，大多数化学家都未能看到它的缺陷，还愉快地在它的框架内做研究，其中包括布莱克和谢勒。实际上，当事物在普通空气中燃烧时，某种东西正在从空气中被提取出来，而不是相反：在燃烧的高温里，氧分子正在和碰巧起火的所有物质结合，这就是我们现在所说的氧化。当空气丧失了太多的氧分子，再也支撑不了氧化过程时，火焰就熄灭了。

令人遗憾的是，普里斯特利处在燃素范式错误的一端。于是，当他意外发现一种火焰在其中燃烧比在普通空气中更旺的气体时，他用现有范式的概念框架解释了他的发现。从逻辑上讲，可加剧燃烧的可呼吸空气也应是完全没有燃素的空气。在那种概念体系的规则中，普里斯特利的脱燃素气虽然看着有些笨拙，但也算一种适当的名称。不幸的是，那种体系的规则存在根本缺陷。

通过测量技术的进步，人们得以再次看到那种模式的缺陷。一些化学家已经注意到了一种令人困惑的事实：一些物质燃烧后在重量上比燃烧前略重，这似乎与它们向空气中释放燃素的前提相矛盾。但是，就像在范式转换前几十年里发生的大多数异常现象那样，那些令人不快的观测基本上被掩盖了，这在一定程度是因为重量的增加微不足道。

然而，对拉瓦锡来说，增加的重量之谜不能置之不理。在普里斯特利于餐桌旁对自己富有创造性的实验的描述的启发下，同样也是出于对普里斯特利缺乏理论严密性的惊骇，拉瓦锡利用他操作天平的高超技能，开始做一系列实验。“这可以作为一条公理，”拉瓦锡写道，“在每次操作中，物质在操作前后是等量的。”[25] 测量结果让他跳出了燃素理论的误区。到了 1776 年，他宣布，大气的 1/4 是由“被普里斯特利错误地称作脱燃素气的那种……纯净的空气”构成的。历史学家乔·杰克逊生动地描述了这一点：

> 燃烧会增加重量，欧洲最灵敏的天平显示，其中存在一种结合。没有神秘的燃素的丧失……所有的化学反应都服从物质不灭定律。这一过程中不存在幽灵，没有什么物质能逃脱他的天平的

> 注意。在燃烧的化学变化中，既无所得，亦无所失。即使是在蒸汽里，也是如此。[26]

1777年，拉瓦锡就准备赋予这种“纯净的空气”以科学名称。他把它称作“氧气”。

不同于标准的短篇传记所描述的，普里斯特利对氧气的“发现”引发的争议要多得多。他不是第一个发现氧气的人，也没有赋予它持久的科学名称，而他给自己的发现附加的名称显示，普里斯特利误解了氧气的基本化学构成。当然了，人人都同意，他公布自己的发现的时间早于谢勒。他无疑发挥了关键作用，引领拉瓦锡更细致入微地了解了氧气。但实际上，在氧气的发现中，他既非第一个参与者，也非最准确的参与者。在《科学革命的结构》中，在思考如何才能负责任地确定发现氧气的日期时，库恩表达了一种相似的观点：

> 如果无视谢勒，我们可以保险地说，氧气的发现不早于1774年；我们或许也可以说，它是在1774年或之后不久被发现的。但是，在那些局限或与其类似的其他局限中，任何确定那种发现的日期的尝试都必然是武断的，因为发现一种新现象必然是一个复杂的事件。[27]

在这里，让人感到困惑的是：普里斯特利会因为一项并不全然是他做出的发现而受到大众的赞扬。无论是知识的还是地理的探险史，居然都是伴随着错误的命名和有争议的归属权而成熟的。让人奇怪的是，普里斯特利因为他在 1774—1775 年做的氧气实验而获得广泛认可，但在对他的科学事业所做的描述中，他在 1771—1772 年做的薄荷实验往往只是顺带提及。《大英百科全书》的“普里斯特利”词条几乎没有提及薄荷实验。这两种实验都表现出了基本的洞察力，它引领着改变世界的思想在科学和社会中泛起涟漪。不过，在薄荷实验上，争议是不存在的。就我们所知，他真的是第一个发现可呼吸空气出自植物的人。此外，在富兰克林的帮助下，他得以理解并描述那一过程，对我们关于地球环境的理解产生了深远影响。他先于其他所有人登上了山顶，并且在此过程中没有绊倒。那么，他为什么经常因为一次他实际上没有登顶的攀登而受到赞扬呢？

这一谜题的答案存在于一个核心事实之中，那就是普里斯特利的薄荷实验开创的新科学此后经历了两个世纪的演化。普里斯特利发现的并不是一种简单的元素，如氧，也不是一种基本定律，如引力，而是一个系统，一种能量和分子变化的流动。他也参与了对那一系统的其他关键部分的填补。1776 年，在一篇名为《对呼吸和血液应用的观察》（*Observations on Respiration and the Use of the Blood*）的论文中，他把植物呼吸的代谢和动物所需的能量联系了起来。普里斯特利的观点自然是用燃素的语言来描述的，但他第一个提出，在空气和肺里的血液之间，存在某种基本的能量转移。

1778 年，普里斯特利注意到，一些玻璃罐的水中自发出现了

“绿色的物质”。虽然他曾否认那种绿色物质在性质上是“植物”，但他表示，这需要有阳光的参与。荷兰生物学家扬·英根豪斯（Jan Ingenhousz）将会把普里斯特利的猜测转化成光合作用下能量转移的证据，证明一片叶子就能把阳光转化成可呼吸的空气。到了 18 世纪 70 年代末，普里斯特利已经描绘了关于地球生命循环的第一张草图：植物把光能转化成化学能，吸收二氧化碳，向大气释放氧气；动物通过储存在植物组织和氧气中的能量来为自己提供动力，把二氧化碳当作废品释放出来。普里斯特利从未在他出版的著作中把这些见解呈现为一种统一的系统，在燃素上的困惑无疑也削弱了他在几个关键点上的思考，但在未来的岁月里，这一系统的连接力将变得越来越明显。到了 19 世纪中叶，在驱动所有动态生态系统的营养循环方面，德国化学家尤斯图斯·冯·李比希（Justus von Liebig）做出了重要发现。19 世纪末的微生物学革命第一次提出，在降解有机化合物以便更深入地再利用方面，细菌可能发挥了积极作用。20 世纪 20 年代，英国动物学家查尔斯·埃尔顿（Charles Elton）首次对食物链进行了详细分析。但是，直到 20 世纪 30 年代，“生态系统”一词才被创造出来，当时牛津植物学家阿瑟·坦斯利（Arthur Tansley）请一个同事给生物和它们的物质环境之间复杂的相互影响取一个名称。

实际上，就像促成薄荷实验的直觉那样，实验后面的基本假设花了近两个世纪的时间才开花结果，成了一门成熟的科学。**演化之所以如此缓慢，在一定程度上可以归因于生态系统科学的结构：作为一门学科，它本质上建立在多个专门知识领域之间的分层互动上，每个领域都在不**

同的范围内运作。生态系统作为一个实际研究对象，需要微生物学家解释细菌在分解中的作用，需要地质学家和化学家解释岩石的化学风化，需要分子生物学家解释线粒体的能量处理，需要动物学家和植物学家确定在物种之间形成的食物链，需要气候学家和大气物理学家分析塑造地球上每个生态系统的全球气候模式。普里斯特利已经为这一令人惊奇的知识体奠基，但 150 年后，这座建筑才落成。

作为科学家的普里斯特利的传奇就这样围绕着他发现氧气的艰难历程而展开，因为这一发现与它开创的科学是同时发生的。到了 18 世纪 80 年代，“化学革命”全面展开，这在很大程度上是由拉瓦锡于 1787 年出版的《化学命名法》(*Méthode De Nomenclature Chimique*）推动的。这本书是现代化学的奠基之作，第一次为一些核心元素确立了标准名称和分类体系，如氧、氮、汞以及氢。新科学需要起源故事，无可否认，普里斯特利从一开始就在那里。虽然玻璃罐中的薄荷实验帮助普里斯特利获得了科普利奖章，激发了富兰克林的热情，但它逐渐消失在背景里。它将来也会成为一种新科学的起源，但到了那时，普里斯特利已经进入了圣殿，哪怕他作为氧气的发现者存在争议。[28]

一张船票，一次与富兰克林的时代告别

如果说富兰克林在普里斯特利的利兹实验室中扮演了关键角色，那么在普里斯特利发现“脱燃素气”方面，一些力量迫使他只能远远

观望。1772 年年末，一位国会议员秘密地把一包信件转交给了富兰克林。这些信件是马萨诸塞总督托马斯·哈钦森（Thomas Hutchinson）写的，信中直接谈到要在殖民地限制“英国自由主义者”，以压制不断增加的反叛活动。富兰克林把它们寄给了他在波士顿的朋友托马斯·库欣（Thomas Cushing），显然是想让对方想办法缓和与英国的紧张关系。结果，那些信件被出版了，引起了殖民地居民的愤慨。随着美洲的抗议越来越激烈，伦敦开始有人激烈地讨论是谁把哈钦森的信寄回了波士顿。富兰克林最终承认他就是罪魁祸首。

1774 年年初，在白厅枢密院，富兰克林遭到公开谴责。副检察长亚历山大·韦德伯恩（Alexander Wedderburn）宣称，富兰克林的口是心非已经“丧失了社会和人们对他的敬意”，他的大脑“被一个伟大的美国的思想占据了”。听众席上有人向富兰克林发出嘘声，不过他在那个房间里也有盟友：普里斯特利在场，看着自己诚实的辉格党人朋友遭受着也许是其人生中最大的公开羞辱。屋里人满为患，普里斯特利在整个过程中被迫一直站着，挨着他们共同的朋友埃德蒙·伯克（Edmund Burke）。具有讽刺意味的是，15 年后，当政治怒火转向普里斯特利时，伯克是主要的反对者之一。除了他们俩，还有谢尔本伯爵和年轻的杰里米·边沁（Jeremy Bentham），他们形成了一个支持富兰克林的小团体，处在其他敌视的人群之中。他们对韦德伯恩发动的凶猛攻击感到震惊，谢尔本后来将此称作“下流的咒骂”。会议结束后，在前厅，韦德伯恩走向普里斯特利，想表示对他的欢迎，普里斯特利立即转过身去，走到街上，以示抗议。

第二天早上，富兰克林和普里斯特利共进早餐，坚持说他对自己的行为感到不后悔。几个小时后，一张便条被送达，通知富兰克林，他已经被免去他珍视的邮政总局副局长一职，因为他煽动殖民地起义，传播被盗的信件，这是失职行为。由于担心遭到逮捕或遭到愤怒的爱国者的围攻，富兰克林登上一条船，顺流而下，去了一个朋友位于切尔西的房子，在那里躲了几个星期。他威胁要永远离开英国，但最终又待了一年，不过几乎断绝了和邮政部门的来往。在那个夏天，普里斯特利与谢尔本伯爵待在威尔特郡，富兰克林和他只通了一两封信。没有记录显示，普里斯特利曾经和他的长期合作者交流他早期的纯净空气研究。

1774—1775 年的这个冬天，普里斯特利和富兰克林终于获得机会，重新开始了他们的亲密交往。普里斯特利夫妇搬到了伦敦过冬，他几乎每个晚上都和富兰克林共进晚餐，并且经常有其他诚实的辉格党人作陪。当时，英国和它大西洋对岸的殖民地的关系正在瓦解，所以，他们的谈话几乎总是离不开政治。没有迹象显示，普里斯特利的思考因为他的老友在政治上失势而受到影响。两年前，在目睹薄荷在玻璃罐里的生长后，富兰克林在一封信中提出："通过从薄荷那里获取东西，而非给它增添东西，空气得到了改善。"获取，而非增添。如果富兰克林在 1774 年能向普里斯特利提出一种相似的直觉，让他避开燃素磁石般的吸引力，化学革命可能就会以迥异的方式展开。

到了 1775 年 3 月，富兰克林意识到，他向他的故土宣誓效忠的时候终于到了。他订了一张邮船船票，于 3 月 11 日离开朴次茅斯，前往费城。他在伦敦的最后一天是和他的朋友普里斯特利一起度过的，那也是他作为英国王室的臣民在伦敦度过的最后一天。他们浏览了一包刚刚送达的美洲报纸，那些报纸透露了殖民地对《波士顿港法案》（*Boston Port Act*）的反应。作为对茶党的回应，《波士顿港法案》下令封锁波士顿港。“当他阅读报纸上对波士顿居民的声明时，”普里斯特利后来回忆说，“眼泪流过他的脸颊。”[29]

一年后，普里斯特利首次出版了他的《关于不同种类的空气的实验和观察》。这是对他作为一位实验科学家的黄金岁月的描述，在开头几页里，他提到自己失去了一位伟大的朋友：

> 最伟大的成功（政治方面）很少能延伸到一个特定国家之外以及一个特定时代之后，而成功的科学探索会让一个人为全人类和每个时代都做出贡献。

然后，他引用了意大利哲学家弗朗切斯科·贝卡里亚（Francesco Beccaria）的一封私人信函中的话：

> 政治的世界非常短暂，自然的世界则能永不改变或失败。我很遗憾，政治世界居然把伟大的富兰克林带离了自然世界。[30]

在位于卡恩或伯克利广场的实验室的安全环境中，普里斯特利抄录了这些话。他当时还不可能知道，政治世界最后也会把他带走。

THE INVENTION OF AIR

像创新者一样思考

1. 作为科学家，创造性地运用工具是普里斯特利的一大技能。他之所以不厌其烦地记录他的技术，还有一个更深层的目的，那就是信息网络。普里斯特利的整个前进模式是建立在这样一个前提之上的：思想必须流动、循环，才能产生更好的思想。

2. 顿悟只是一种科普神话，因为思想不会真的从天而降，也不会从我们潜意识里一跃而出。伟大的思想大多是以普里斯特利的方式发展的，始于童年的某种痴迷，然后挺过磕磕碰碰、抢跑的青春期，最终在几十年后开花结果。

3. 在发现自然母亲如何发明空气的过程中，富兰克林和普里斯特利发明了某种同样意义深远的东西：世界生态系统观。

4. 生态系统作为一个实际研究对象，需要微生物学家解释细菌在分解中的作用，需要地质学家和化学家解释岩石的化学风化，需要分子生物学家解释线粒体的能量处理，需要动物学家和植物学家确定在物种之间形成的食物链，需要气候学家和大气物理学家分析塑造地球上每个生态系统的全球气候模式。普里斯特利已经为这一令人惊奇的知识体奠基，但 150 年后，这座建筑才落成。

THE INVENTION OF AIR

THE INVENTION OF AIR

3 插曲：那座煤岛，人类历史长河的燎原星火

文明的重大进步，几乎无一例外都是由贯穿于社会的能量流动的爆发式增长引发的。

石炭纪

公元前 3 亿年 | 泛大陆

1877 年，法国古生物学家查尔斯·布龙尼亚（Charles Brongniart）开始从法国中部科芒特里镇附近的煤堆中挖掘化石。对化石采集而言，那是一个大有希望的地点。那里最初是一个几千米长的湖泊，挨着一片沼泽地。细流从周围的小山流下，把植物和昆虫沉积在沼泽地里。布龙尼亚发现那个地点时只有 18 岁，后来，他在科芒特里工作近 20 年，几乎在那里度过了他整个成年时期。布龙尼亚去世时 40 岁。在那一时期里，他挖掘了众多化石，其中大多可以追溯至 3 亿年前，比最早的恐龙还要古老。[1]

巨型蜻蜓时代的降临与终结

布龙尼亚发现的很多化石都有一个明显特征：与现代的同类相比，它们的体形非常巨大。他发现了像橡树那么大的蕨类植物，像鸟那么大的苍蝇。1880 年，他挖出了最令人吃惊的化石：一只怪物般的蜻蜓，翼展 63 厘米。1894 年，在他发表的论文里，他将其命名为巨脉蜻蜓。现在，你仍能在巴黎自然历史博物馆里看到原始化石，后来甚至发现过翼展超过 75 厘米的蜻蜓化石。

巨脉蜻蜓并非个案。世界各地的古生物学家迅速发现，在公元前 3.5 亿—公元前 3 亿年，巨大症是盛行的趋势。那个时期现在称作石炭纪。就像某个大人国的自然历史展品那样，石炭纪的陆地上到处都是数十厘米长的蜘蛛和蜈蚣，以及像小男孩那么大的水蝎。植物长得更为壮观。生长在潮湿森林里的石松高高耸立在下面的沼泽地之上，高达 39.6 米，比它们的现代后裔高 500 倍。现在最高只有 1.2 米左右的马尾草和灯心草在当时一般会达到 5 层楼的高度。早期的针叶树长出的叶子有 0.9 米长。

地球的巨大症没有持续下去。当然了，在未来的时代里，恐龙会演化出庞大的身躯。不过，到了公元前 2.5 亿年，其他生物的大小基本上又与我们如今在地球上看到的一样了。但是，那种模式非常独特，呈现了一个让人欲罢不能的谜团：正如寒武纪大爆发提出了为什么生命突然变得如此多样的问题，石炭纪提出了为什么生命变得如此巨大、生命如何在身躯比例如此夸张的情况下生存的问题。鉴于其体形，巨脉蜻蜓应该不能飞翔。现代昆虫和爬行动物的呼吸系统无法提供足够的能量，来支撑相当于它们现有体形 10 倍的身躯。然而，不知怎么的，在那种夸张的状态下，石炭纪的庞然大物们成功地兴盛了一亿年。

几乎正好在普里斯特利首次解释了可呼吸空气之谜两个世纪后，科学家开始破解巨脉蜻蜓之谜。在他们这么做的时候，普里斯特利在他的利兹实验室第一次观察到的过程成了故事的中心环节。石炭纪的庞然大物照亮了普里斯特利最初的薄荷实验的后续力量，最初的星星之火燃起了遍布联系和洞见的火焰。

20 世纪 60 年代末，在一篇具有开创性的论文里，物理学家劳埃德·伯克纳（Lloyd Berkner）和劳里斯顿·马歇尔（Lauriston Marshall）提出，大气中的氧气大多是在光合作用中产生的。在此之后，普里斯特利和富兰克林关于植物是生产地球可呼吸空气的主力军的直觉成了科学共识。地球上氧气的“自然”含量不足 1%，因呼吸而生存的哺乳动物享有的 20.7% 的氧含量是一种非自然状态，是在数十亿年前通过蓝藻开始的进化突破来设计的。植物进化之前氧气的稀缺在逻辑上提出了一个后续问题：数百万年来，为什么氧气的含量稳定在 20% 左右？我们很容易想象，在进化的过程中，这一数字波动得比较剧烈：假如它跌至 10%，大多数需氧生物会窒息而亡；假如它翻倍，氧气的燃烧反应会让整个星球陷入一场无法控制的大火。那么，究竟是什么机制使大气如此精确地控制着自身，就像存在一种把地球保持在其氧气舒适区的紧急全球恒温器呢？

这种自我调节的技能也叫动态平衡。20 世纪 70 年代初，在这一问题的驱动下，詹姆斯·洛夫洛克（James Lovelock）和林恩·马古利斯（Lynn Margulis）阐述了他们著名的不断引发争议的盖亚假说。他们认为："在生命出现后不久，它就控制了地球环境；从那时起，这种由生物圈造成并服务于生物圈的动态平衡就持续了下来。"这种控制系统寻求一种"服务于这个行星上的生命的最佳物理和化学环境"。[2]

在洛夫洛克和马古利斯发表的第一篇关于盖亚假说的重要论文的开头，他们就揭示出，氧气含量具有不可思议的稳定性。他们给那篇论文取了一个具有挑衅性的标题《由生物圈造就并服务于生物圈的大气动态平衡》（*Atmospheric Homeostasis By and For the Biosphere*）。"由……造就"（By）和"服务于……"（For）是互相冲突的。他们提出，地球不仅做到了某种持续的大气平衡，把氧气水平维持在它现有的生物圈所需的最佳水平，而且生物圈不知何故也为它"负责"，所采取的行动也符合自身的利益。我们接受这样的前提，在将自身维持在稳定状态的系统中，生物拥有类似的目的性：我们的体温之所以极其精准地保持在 37 摄氏度左右，是因为在那种体温下，我们特殊的生存模式处在最佳状态。**生物的界定性征之一是：拥有一个由细胞和器官构成的系统，这些细胞和器官明确服务于确保它们所属的那个更大的群体能够生存下去。**用最初的盖亚假说论文的话说，作为"一种专门为了一套目的而组成的产物"，每个细胞或器官都发挥了作用。那种帮助血液在我们体内流动的细胞会竭尽全力，使血压水平保持平衡，因为稳定的血压水平对生物的生存很重要。洛夫洛克和马古利斯认为，相同的原则也在全球层面上发挥作用：**地球自身可以被视为一个单一的生物体，生物圈成员的集体行为促成了它的生存。**这是约翰·普林格尔爵士"植物的生长并非毫无意义"的论点的变体，只是人类被地球母亲取代了。生物圈调节了氧气的含量，它之所以这么做，是因为稳定的氧气含量有利于生物圈的存在。

自洛夫洛克和马古利斯提出盖亚假说以来，它已经被攻击得千疮百孔了。时至今日，关于地球是一个有机体的强势主张究竟是经验之谈，还是仅仅是一种比喻，人们仍意见不一。洛夫洛克和马古利斯已经放弃了他们更具挑衅性的主张，但仍在捍卫他们的核心前提。他们相对弱势的主张则基本没有受到挑战：地球上的一些系统处在远非“自然”平衡的稳定状态中，而生命能够演化出解决之道，在那些条件下生存。这是我们在布雷瑟顿示意图中看到的地球系统观点后面的基本原则。但是，无论人们对盖亚假说的反应如何，毫无疑问，它是 20 世纪晚期最令人激动、最有影响力的思想之一。

盖亚假说也产生了一种有趣的边际效应：它引发了一场多学科探索，以断定氧气水平在以往是否真的保持在 21% 的含量。1989 年，地质学家罗伯特·贝尔纳（Robert Berner）和唐纳德·坎菲尔德（Donald Canfield）发表了一篇论文，文中描述了一种“岩石丰度”方法，可以用来测量大气中的氧气含量变化。通过测量每个地质年代的沉积岩中的碳和硫黄含量，贝尔纳和坎菲尔德得以创建一种可以追溯至 6 亿年前的大气中氧气含量的模型，这些数据大多是从寻求新燃料矿藏的石油公司编制的广泛数据中提取的。大体而言，贝尔纳和坎菲尔德的模型强化了盖亚假说：在最近 2 亿年里，氧气含量相对稳定。但是，最令人吃惊的发现来自那种长期的平衡之前。数据显示，大约在公元前 3 亿年，氧气含量急剧上涨，高达 35%；到了 1 亿年后的三叠纪，氧气含量急剧下降，达到了接近窒息的 15%。氧气含量的波动在时间上恰好与巨脉蜻蜓这样的石炭纪庞然大物重叠。

自从贝尔纳和坎菲尔德的原创研究出现以来，已经有数十篇论文探究了增加的氧气含量和巨大症之间的联系。现在，人们逐渐达成了一种共识：更高的氧气浓度可以支撑爬行动物和昆虫更大的躯体。与 35% 的氧气含量相伴的大气压力甚至会改变空气动力学，使巨脉蜻蜓能够飞翔。

那些氧气是从哪里来的？当然来自植物。植物在几十亿年前发明光合作用，创造了富氧大气。但是，在泥盆纪即将终结的某个时候，植物演化出一种能力，产生了一种名为木质素的坚韧分子，能够支撑它们的新结构，让它们可以长到此前在地球上从未见过的个头。单单更大的植物或许就引发了氧气的增加，但木质素可能在那种氧气飙升中还发挥了一种间接作用。有一种流行但未经证明的理论认为，木质素阻碍了负责有机质分解的微生物回收者。植物通过光合作用吸收二氧化碳，制造氧气；分解过程则很像“倒带”，因为细菌和其他动物在分解植物碎片时会消耗氧气，并在这一过程中释放二氧化碳。木质素可能打乱了那种循环，因为回收者还没有进化出分解这种分子的能力，从而制造了古生物气象学家戴维·伯灵（David Beerling）所谓的“全球消化不良”[3]。随着分解者受到木质素的新颖妨碍，大量未分解的生物质填满了沼泽地和森林地面，氧气含量攀升得更高了。数百万年后，待到微生物破解木质素密码，氧气才回到了 21% 的稳定水平。

然而，在巨脉蜻蜓时代堆积的残片并没有从地质记录中消失，而是进入了地下。等它终于重新露面时，它将一点一点地大幅度改变人类历史，就像它最初改变自然史那样。

文明的进步，源于一系列爆发式增加的能量流动

我们有必要在这里停下来，全面思考一下这个故事。20 亿年前，蓝藻演化出一种新陈代谢策略，用氧气把地球裹了起来。到了公元前 3 亿年，这一策略被证明非常成功，地球真的被植被覆盖了，氧气含量达到了史无前例的高度，然后再次稳定下来。一系列事件接踵而至：恐龙灭绝，哺乳动物兴起，大陆分离，智人进化，语言出现，农业兴盛。然后，普里斯特利坐在利兹的一个房间里，看着一株植物在玻璃罐中生长，据我们所知有史以来第一次领会了需氧生物得以存在的关键。

这听起来像一个关于天才和顿悟的故事：10 亿年的演化后，一个家伙猜透了它全部的真相！但是，我们知道，如果以这种方式构建故事，就会错过伟大思想出现时的复杂性。我们知道，山峰的崛起方式是复杂、分层的，普里斯特利出于多种原因站到了能看见空气问题的位置，这些原因包括：他的大脑和经历、他的方法、当时的技术、信息网络，以及科学范式。但是，**即使以生态系统的视角来看待文化成就，强**

调这些相互影响的力量，也丝毫不会削弱这两种跨越漫长的进化时间的突破的基本魅力，这两种突破正是空气的最初发明以及我们人类对这种发明的理解。

不过，把普里斯特利和古老的蓝藻联系在一起的还有一个隐秘的环节。当他在利兹做实验时，在 3 亿年前氧气爆炸时期堆积起来的残片正以约克郡煤系的形式躺在他的脚下，那里是英格兰北部绵延的石炭纪地层的一部分。这些煤系是一种地质异常，是地球上发现的最大的石炭纪岩石储量。大多数煤系埋藏很浅，就在地表下面。在某些地方，它们甚至露出了地面，石炭纪露出的石灰岩与奔宁山脉的山峰毗邻。大量没有经过生物降解的有机质存在于石炭纪地层中，使石炭纪地层成了一种无与伦比的燃料来源。即使到了今天，世界上 90% 的煤炭供应仍可以追溯到石炭纪。

事实证明，英国受到了保佑，经历了两次幸运的地质事件：首先，它的石炭纪燃料储量出奇地丰富；其次，矿藏分布的位置很浅，非常易于开采。英国是一座“煤炭之岛”的老话儿就是这么来的。工业化之所以首先发生在英国，更准确地说是英国北部，石炭纪岩石是关键要素。没错，英国的确拥有一种技术和企业家文化，帮助它利用了所有储存的能量，但如果没有煤系自身，那么工业革命完全有可能在别的某个地方发生。

有一个人类历史上一再发生的主题是：**文明的重大进步，几乎无一例**

外都是由贯穿于社会的能量流动的爆发式增加引发的。农业的诞生使人类能够以驯化植物和牲畜的形式储存能量，从而使较大的人口中心发展成了第一批城市。通过利用马匹的肌肉能量和可被船只利用的风力，可以捕获远距离输送军队和政府官员所需的能量，帝国得以形成。工业化利用石炭纪岩石储存的能量，把自己与巧妙的新技术结合起来，得以用无数种方式利用能量。新能量的流入使一个国家在一个世纪多一点的时间里彻底改观，包括财富和创新的惊人增长、城镇和乡村的关系的彻底重建，以及一种必然伴有一切恐怖和创伤的全新生活方式，即工业劳动。

把人类历史看成一系列不断增强的能量流动是一种考查方式，可以绕过伟人历史观和集体主义历史观的典型对立。你可以通过个人或人群的生活来讲述世界历史，而这种解释在一定程度上无疑是真实的。你也可以借助充当辅助角色的人来讲述历史，而非借助充当领导角色的人。你可以把它当作能量流动的故事来讲述：发展，衰退，被捕获，被释放。我们不妨把那些流动想象成一片波涛汹涌的汪洋，历史上的个体生命挤在一条在惊涛骇浪中出没的帆船上。人类仍然能够驾驶他们的船只，利用碰巧在他们想去的方向上吹拂或涌动的风浪。但是，人类在很大程度上屈从于那些海洋力量设置的条件。如果英国的工业先驱们没有想到用煤炭来给机械化劳动提供动力的策略，那么几乎不用怀疑，另外一种文化会在下个世纪穿越同一片海洋。不过，如果石炭纪以不同的方式发展，比如没有氧气的激增、没有庞然大物、没有全球消化不良，那么现代人类文明史将大为不同，因为给世界第一次工业革命提供动力的主要能源将不复存在。

这里还有一个更值得思考的问题，它通过另外一种角度，把我们和普里斯特利联系起来：能量流动中的数量级变化在多大程度上影响了新思想的产生？坊间证据似乎表明，这两者之间至少存在一种关联性：在漫长的历史中，知识和技术上充满活力的社会比它们同时代的社会消耗了更多的燃料。但是，能量流动和思想流动之间的因果关系也可能比较间接。迄今为止，能量的变化几乎无一例外地导致了两种长期趋势：财富的总体增加与社会阶层的分化。大多数人最终提高了他们的生活水平，但精英阶层从中获得了绝大部分利益。这两种因素的同步增加总是产生至少一种附带的生活方式趋势，那就是更多的闲暇时光。至少在普里斯特利的时代，闲暇时光是思想的产生之所。当你穷尽认知资源才能让饭桌上有食物的时候，或当你连个放饭碗的桌子都没有的时候，你真的无法涉足科学实验。普里斯特利是一位职业牧师和教育从业者，因为工作而获取报酬，但从根本上讲，他是一位业余科学家，尤其是在他人生的头 20 年里。正如他的大多数启蒙时代同辈那样，他沉迷于科学。

闲暇时光的代价最终以能量流动的方式支付。不妨设想普里斯特利回到了中世纪，成为一个不合时宜的乡村牧师。即使你能够通过某种方式，奇迹般地把他在 1771 年左右拥有的个人化学知识全部植入他的大脑，他也不可能做薄荷实验。原因很简单，薄荷实验需要花数月时间来观察、调整和思考，而在那些能量匮乏的世纪里，只有很少一部分人拥有那种闲暇时光。当你上顿不接下顿的时候，你没有时间培养闲情逸致。假如他是一个修道士或一位王子，情况也许会有所不同，因为修道士和王子拥有闲暇时光。我们一般认为金钱鼓励创新，因为它会起到激励作用。实际上，18 世纪煤炭驱动的经济革命的遗产之一就是，它创造了一种科学 - 工业市场，让好的思想可以获取巨大财富的回报。但是，在启蒙时代的大多数科学中，积累的财富几乎扮演了一个相反的角色：它让普里斯特利那样的人可以追求科学突破，却不承诺给予经济回报。不过，金钱刺激的缺乏却让普里斯特利和诚实的辉格党人更容易免费分享他们的思想，他们实际上也是这么做的。

因此，如果我们尝试回答科学革命为什么会发生，普里斯特利为什么会偶然发现可呼吸空气源自何处的秘密，并在此过程中开创一个思考地球生命系统的新方法，长变焦视角就必然会拓宽，超出直接的传记细节，越过文化倾向和技术发展，一路走向碳循环的大历史。所有重要历史事件几乎都是这样，因为能量流动在人类社会的发展中是一个非常关键的因素。而且，在以这种方式想象普里斯特利的智力活动时，我们会发现一种优美的对称，因为他发现的是在 3 亿年前就启动了一系列事件的那种过程，而这些事件最终又给他提供了首先做出那种发现的闲暇时光。**科学知识之山之所以越来越高，在一定程度上是因为它坐落在一座煤岛上。**

另外，未来也潜藏着一种可怕的对称。在接下来的 20 年里，普里斯特利的人生甚至越来越多地与石炭纪煤炭层中的古老生物质交织在一起。那些释放出的能量会推动他进入事业中第二次伟大的知识合作，而它也差点要了他的命。

像创新者一样思考

THE INVENTION OF AIR

1. 石炭纪的庞然大物照亮了普里斯特利最初的薄荷实验的后续力量，最初的星星之火燃起了遍布联系和洞见的火焰。

2. 在生命出现后不久，大气就控制了地球环境；从那时起，这种由生物圈造成并服务于生物圈的动态平衡就持续了下来。这种控制系统寻求一种“服务于这个行星上的生命的最佳物理和化学环境”。

3. 巨脉蜻蜓时代堆积的残片并没有从地质记录中消失，而是进入了地下。等它终于重新露面时，它将一点一点地大幅度改变人类历史，就像它最初改变自然史那样。

4. 山峰的崛起方式是复杂、分层的，普里斯特利出于多种原因站到了能看见空气问题的位置，这些原因包括：他的大脑和经历、他的方法、当时的技术、信息网络，以及科学范式。但是，即使以生态系统的视角来看待文化成就，强调这些相互影响的力量，也丝毫不会削弱这两种跨越漫长的进化时间的突破的基本魅力，这两种突破正是空气的最初发明以及我们人类对这种发明的理解。

5. 人类历史上一再发生的主题是：文明的重大进步，几乎无一例外都是由贯穿于社会的能量流动的爆发式增加引发的。科学知识之山之所以越来越高，在一定程度上是因为它坐落在一座煤岛上。

THE INVENTION OF AIR

4 狂野的气体，炸开自由新世界的大门

狂野的气体（二氧化碳）散发出来了，但我们只有在最初的沸腾有点消停后，在溶液澄清后，在我们能够透过表面上纷乱气泡的激荡看得更深厚后，才能做出判断。

月亮人

1791 年 7 月 | 伯明翰

富兰克林在伦敦度过了令他伤感的最后一天，和普里斯特利一起。4 个星期后，英国士兵从波士顿出发，去逮捕约翰·汉考克（John Hancock）和塞缪尔·亚当斯（Samuel Adams），引发了著名的保罗·里维尔（Paul Revere）对英军来袭的报信、“世界各地都能听到的枪声”事件，以及英国士兵令人吃惊的撤退。富兰克林当时仍在大西洋上，当他终于踏上费城的土地时，迅速给普里斯特利写了一封信，说了他了解到的情况：

> 等这封信抵达时，你应该已经知道，英军趁夜偷袭，以及他们又撤了回去。他们在 6 个小时里撤退了 32 千米。
>
> 总督已经呼吁议会讨论诺斯勋爵（Lord North）的太平洋计划，但在他们开会之前，割喉行动就开始了。据说他左手握着一把剑，右手拿着一根橄榄枝。他似乎选择先让他们尝尝剑的滋味……

诺斯勋爵的行为激怒了整个美洲，他们比以往任何时候都更加坚定地团结在了一起。两个地区之间的裂痕更大了，有变得不可修复的危险。

我的旅程持续了 6 个星期。天气一直不错，好到一艘伦敦皮划艇都可以陪伴我们一路。我傍晚到家，第二天上午被议会一致选为国会代表，现在我已经在坐着休息了。[1]

“短暂的”政治世界再次胜过了“永恒的”科学世界。富兰克林只能在信的末尾做了一个简短但令人兴奋的暗示。“在回来的途中，我做出了一个有价值的哲学发现，”他写道，“等我有了时间，我就会和你交流，我现在忙得不可开交。”[2]

那个有价值的哲学发现最有可能是“海湾流”。我们知道，在 1775 年航行期间，富兰克林进行了水温测量。在从费城第一次给普里斯特利写信几天后，他又开始写一封信，详细记述了他作为邮政总局副局长卷入邮船之谜的情况。但是，那封信根本没有写完，草稿现存于国会图书馆，他给普里斯特利寄的另外几封信的内容几乎全部与战争状态和他投身革命政治的情况有关。

1776 年年初，普里斯特利在给富兰克林的信中写道：

正如比较严肃的报道那样，我为这一令人不快的战争感到悲

> 哀。同样，我为它让我和你的通信如此不安全感到悲哀。我收到了你寄来的3封信，并且像往常那样频繁写信。但是，我已经被告知，最近一封，也就是寄给坦普尔先生的信，他没有收到。我不知道这究竟是怎么回事。

然后，普里斯特利回到了科学的世界，提到了他最近出版、随信寄出的《对空气的观察》（*Observations on Air*），描述了他最新做的一轮实验，与血液循环有关。在最后的段落里，他写道：

> 在一封信中你提到，在回美国的途中，你做出了一个有价值的发现，并答应专门给我描述一下它。如果你已经这么做了，那就是我没有收到。我为此感到遗憾，但让我更遗憾的是，如果这些麻烦不解决，那我近期恐怕再也收不到你的信了。[3]

虽然普里斯特利提醒了，但没有证据显示富兰克林曾设法传递他的"有价值的发现"。那成了在他们剩下的通信中经常出现的一个模式：富兰克林专注于革命的不稳定状态，无法把大脑转回到永恒的自然科学探索；而普里斯特利表示支持美洲的事业，但接下来试图把对话转回实验室。在一封于1779年年末写的信的开头，普里斯特利这样写道："虽然你全身心投入到更重要的事情中，但我知道，如果你得知自从我的书的最后一卷出版以来，我已经在实验中大获成功，你会感到高兴的。"[4]富兰克林都视作故土的两个地区正在打仗，而他支持的那一方正节节败退。在这样的环境中，谁还有时间写关于"海湾流"的信？在其生命的最后的岁月里，世界最著名的科学家兼政治家富兰克林已经变得只是政治家了。

富兰克林显然为其无法继续研究自然哲学而感到伤心。1782 年，在巴黎郊外的帕西，他写了一封反常的信。在信中，他对自己的同胞进行了令人难堪、近乎愤世嫉俗的攻击，并将他在科学探索上的遗憾全部写入其中。就闲暇时光对科学发现的重要性，富兰克林在信的开头进行了一番训诫："如果能再次闲下来，和你一起探索自然的杰作，我应该会非常高兴。"但是，紧接着，他就转入了一种暴躁的政治模式，再次把世界分成了永恒和短暂："我说的是无生命的部分，不是有生命或道德的部分。我对前者了解得越多，就越欣赏它们；我对后者了解得越多，就越厌恶它们。"然后，富兰克林说了一句话，对人类进行了杂乱无章的攻击，这种攻击倒是与它同样杂乱无章的语法很相配：

> 我发现人类是一种构造非常糟糕的生物，因为他们一般更易于恼怒而非达成和解，更倾向于互相伤害而非修补关系，更容易被骗而非不再受骗。与生儿育女相比，杀戮让他们更感自豪，甚至更感快乐，因为他们不会因在光天化日之下集合大军进行杀戮而感到羞愧。当已经杀死了尽可能多的人时，他们还要夸大数字，以增加虚假的荣光，但当打算生儿育女时，他们躲在角落里，或者用夜晚的黑暗来掩盖自己，因为他们对这种正当的行为感到羞愧。[5]

讽刺家富兰克林接着说：“如果人类真的值得出生并存续，这应该是一种正当的行为，对人类的杀戮应该是一种邪恶的行为。但是，我开始怀疑这一点了。”考虑到收信人要宽宏大量得多，他巧妙地把话头转回到普里斯特利的牧师工作和实验上，并在最后借用乔纳森·斯威夫特（Jonathan Swift）的话，狠狠往伤口上撒了一把盐：

> 我知道你没有这样的怀疑，你对他们的福祉充满热情，正煞费苦心地拯救他们的灵魂。也许等你渐渐老去，你会把此视为一种无望的工作或一种没有意义的乐趣，后悔用有毒的空气杀死了那么多诚实、无害的老鼠。

现在来读这封信，我们很容易惊诧于富兰克林凌厉的风格和他对人类的阴冷看法。但是，在那种情绪爆发之后，在信的结尾处，在他搁笔之前，他写下了最动人的话语：

> 可说实话，我亲爱的老友，我一如既往地爱你，爱在伦敦咖啡厅结识的所有诚实的灵魂。我只是感到好奇，在如此堕落的一代人中，究竟是怎样的机缘巧合，让他们和我在英国的其他朋友成了如此美好的生灵。我渴望再次见到他们和你。我将以更大的热忱为达成和平而努力，希望我有一天能再次幸福地置身于你美好的社会里。

在富兰克林对“构造非常糟糕的”人类的攻击中，存在着一种令人痛心的真诚。但是，在这封信中，最打动人的也许是他对诚实的辉格党人所说的深情话语里包含的真诚。当你从他与普里斯特利和咖啡厅群体的友谊的视角看待富兰克林，按照字面含义来理解最后那几句话时，你将不由自主地认为：富兰克林本质上是一个伦敦人。他在费城多次声名鹊起，在巴黎受到尊敬和诱惑，但我们完全有理由认为，假如乔治三世在税收政策上不那么咄咄逼人，富兰克林也许会在伦敦度过他人生的最后 40 年。他“以更大的热忱为达成和平而努力”，为的是最终能够回到伦敦咖啡厅那个美好的群体里。他无疑夸大了他对老友的情谊的怀恋，但你必须有意曲解那段话，才能避免得出这样的结论：富兰克林对乔治三世不满的一个关键原因是，乔治三世迫使他在 1775 年登上那艘驶往费城的船，把那些“诚实的灵魂”留在身后，留在了圣保罗教堂的阴影里。

科学之外，真正的价值联盟

富兰克林冲在前线，但普里斯特利的思想也和美国革命密不可分，因为他既是科学家，又是政治理论家。在思考自己发现脱燃素气的过程中，他写到了它潜在的军事用途，推测他研发的化学技术也许可以很好地用来提高火药的爆炸威力或者使其制造效率更高。他向约翰·海厄森斯·麦哲伦（John Hyacinth Magellan）[6]讲述了很多这样的想法。麦哲伦是他的一个朋友，葡萄牙人，以前当过修道士，是那位著名航海家的后裔。事实证明，麦哲伦也是一名为法国服务的间谍，向巴黎发回了关

于英国新兴科学 – 工业复合体的大量情报，普里斯特利的研究在其中占据突出位置。1774 年年末，在巴黎的那次著名晚宴①上，普里斯特利本人也许向拉瓦锡透露了他的一些推测。说来也巧，拉瓦锡刚被任命为路易十六政府资助的皇家火药和硝石局的局长，专门致力于提高法国的火药供应。普里斯特利和麦哲伦给他提供的关于燃烧的前沿研究，以及他作为一位化学家难能可贵的技能，给了他一个重振法国火药生产的绝佳机会。到了 1777 年，拉瓦锡已经把硝石的年产量提高到 907 吨，并大幅提高了它的爆炸当量。到了 18 世纪 80 年代初，法国的硝石被普遍认为是世界上质量最高的火药，驱动炮弹飞行的距离比英国火药高出了 50%。

所有这些储存的能量最终都跨越大西洋，去助力对面大陆陷入苦战的军队，只是这一次的能量是由人类驱动的工业化学创造的，而非通过碳循环。富兰克林之所以专注于战争事务，有一个简单的主要原因就是，他的国家没有足够的能量。在战争开始阶段，所有 13 个殖民地的火药加在一起也只有 36 吨，只够半年的战斗所需。1775 年夏天，在波士顿北部的普罗斯佩克特山的营地里凝望英国在波士顿的大本营时，纳撒尼尔·格林（Nathaniel Greene）这样写道：“唉，如果我们有足够的火药就好了。这样，我就可以在这里干出点儿名堂了。”到了那一年的 12 月，华盛顿宣布：“我们对火药的缺乏是难以想象的。每天都要

① 1774 年 10 月，普里斯特利访问巴黎。这次晚宴指的是拉瓦锡为其举办的欢迎晚宴。——编者注

消耗，却没有补给，这让人觉得前景黯淡。”[7]殖民地革命事业的支持者接受了短期的火药生产培训，但他们的产品通常质量低下，并且与军队的庞大需求相比，火药的生产量都微不足道。

最终扭转局面的是两种相互关联的局势发展，第一种以普里斯特利和拉瓦锡的化学革命为基础，第二种以富兰克林的外交技能为基础。拉瓦锡在火药生产上的创新让法国储备了质量顶尖的火药。在 1776 年年末至 1777 年秘密访问法国期间，富兰克林帮助达成了一项条约，把 200 多吨高质量的法国火药带进了大陆军的滑膛枪。到了 1779 年，美洲殖民地进口了 800 多吨火药。能量的大量流入改变了苦战的大陆军和英国军队之间的力量平衡。“到了约克镇，”乔·杰克逊写道，“英国士兵抱怨说，还没等到他们靠近，向殖民地士兵射击，他们就先被炸得连吊袜带都飞了。”[8]在巴黎的实验室里，拉瓦锡思考了他的硝石在美国革命中的作用：“说实在的，北美洲应该把它的自由归功于那些火药。”[9]把美国的胜利归功于他的硝石，这是拉瓦锡自负作风的体现。他的这种说法无疑夸大了物质的重要性。但是，如果想依靠不到 40 吨质量一般的火药赢得自由，只能是白日做梦。

普里斯特利也对支持殖民地斗争的思想做出了贡献。他于 1768 年出版了他的首部政治理论著作《论政府的第一原则》(*Essay on the First Principle of Government*)，它在洛克的自由主义思想上进一步拓展，在政教分离概念上做出了几项较早的有影响力的表态。当然了，与他的科学出版物相比，这本书的读者并不多。1774 年，在富兰克林的敦促下，普里斯特利专门针对“美洲事务”出版了一本小册子。这本小册子坚决反对“压迫美洲”，建议读者投票反对所有支持现有殖民地政策的候选人，因为现有政策对“我们最宝贵的商业造成了直接危害，对依靠团结和自由的民族力量、安全、福祉造成了直接危害”。[10] 等到富兰克林启程返回费城时，普里斯特利和普赖斯成了美洲事业最著名的英国支持者。这在一定程度上激发了塞缪尔·约翰逊（Samuel Johnson）对殖民地起义发起的著名攻击，他在《征税不是暴政》（*Takation No Tyranny*）这本小册子中写道：“啊，普里斯特利，一个邪恶的人，他的工作搞得一切鸡犬不宁。”[11] 关于第二点，他是对的。如果说在乔治三世时代的英国知识分子中出现了支持美洲的第五纵队，那么伦敦咖啡厅就是它的中心。1776 年，在富兰克林第一次充满深情地向诚实的辉格党人致敬后，普里斯特利写了回信，感谢他的老友对那个俱乐部的“亲切回忆”，并发出了一条政治团结信息：“我们对美好事业的热情没有减少。”[12]

虽然有热情，但在 18 世纪 70 年代，普里斯特利的政治世界观依然处在萌芽状态。他的政治小册子写作在 1774 年突然停止，直到几十年后才重新开始，而且他最后就法国革命写的文字远多于美国独立战争。这种不寻常的缄默也许应该部分归因于他有谢尔本伯爵这样的庇护人。谢尔本因为反对国王的税收政策已经离开内阁，但他和宫廷、议会的联系仍非常紧密，并且怀着将来重新获得官方职位的雄心。对谢尔本来说，如果有人认为他资助一个口头上支持殖民地的人，他肯定会心存不满。于是，普里斯特利对殖民地起义的明确支持大多仅出自伦敦咖啡厅的口头交流。

然而，在抑制自己的宗教观点上，普里斯特利不太成功。在为谢尔本伯爵服务期间，他出版了几本唯物主义哲学小册子，质疑灵魂观念，这在他于 1777 年出版的《与物质、精神有关的研究》(*Disquisitions Related to Matter and Spirit*) 中最为显著。当然了，这些行为既是宗教行为，也是政治行为，因为英国法律禁止任何反对英国国教 39 项条款的人担任政治职务。如果一个土生土长的英国人信奉其他宗教，会在法律上被视为叛国行为。当乔治三世取消一些宗教限制，同时对其他持异议者保留这些限制时，普里斯特利通过威廉·伊登（William Eden）和诺斯勋爵传递信息，表示想向国王面陈扩大改革范围的理由。国王给诺斯做了一个简短的回应，反映了他对普里斯特利的厌恶："如果普里斯特利博士联系我的图书馆馆长，那么他将像其他科学家那样，获准阅览我的图书。但是，我完全不认为，博士作为政治家或牧师的声望值得我亲自出面。"[13]

要想审视 18 世纪 70 年代普里斯特利在利兹和卡恩度过的岁月，有两种基本的视角：要么采取同时代视角，在他们的时代背景中审视他的成就；要么采用后来者的视角，从我们对所有即将发生的事件的角度来审视。虽然故事错综复杂，但第一种视角比较简单，这就是一个伟大科学家大步向前的故事。后来者的视角呈现了一种不同的景象：普里斯特利知识生活的多条轨迹首次交汇，虽然不可否认地受科学主宰，但逐渐与宗教、政治价值观整合。在接下来的 10 年里，这 3 种路径将合并在一起，形成一条功能强大的公路，这条公路最终将驱使普里斯特利前往新世界。

如果没有意识到这3种知识路径的交汇，那么我们就无法完全理解普里斯特利或那一时期更为宽泛的社会变化背景，尤其是他大西洋对岸的同胞所处的背景。人们往往把科学创新理解为存在于政治的公共领域或信仰的神圣空间之外的某种东西，库恩在《科学革命的结构》中就几乎没有提及这两种东西。但是，对普里斯特利来说，这3个领域不是互相分离的部分，而是一种连续体，每个领域中的新发展都会巩固、增强其他领域。当林赛开创唯一神教派时，有人声称，它会削弱现存宗教的权威。普里斯特利通过援引那些支配其科学研究的原则来为它辩护：如果把尽可能多的思想向尽可能多的人传达，系统终将走向真理和共识。“达到一种真正有价值的一致性的唯一方法是，”他写道，“促进最完善的思想和行动的自由……最终每种不同意见都有机会得到讨论。无疑……真理会盛行，然后一种理性、牢固、真正有价值的联盟就会出现。”[14]

与约翰·亚当斯的意外之谊

在待在卡恩的岁月里，普里斯特利开始了对灵魂的批判。在这一点上，他有意遵循自己在利兹实验室做空气实验时采取的方法。正如普里斯特利揭开了传统上所谓的有毒空气或发酵液的“精神”的谜团，他也这样揭开了人之存在的“精神”的谜团。严格说来，这些不是比喻，而是一个互联系统的组成部分，因为帮助他分离出纯净空气的唯物主义同样可以方便地应用于神学的灵魂研究。在这一切事物中，一种更高力量的存在并没有莫名其妙地悬浮在人的肉体之上，而是存在于物质主义科学造就的知识的稳步拓宽中。启蒙科学的进步运动是上帝矗立在地球上工作的体现，对普里斯特利来说，这是“神性”更合理的体现。那种运动的力量太强大了，它把从较早的没有那么复杂的时代携带而来的政治和神学遗迹一扫而光。

普里斯特利于 1774 年撰写了《对空气的观察》，在前言中，他阐明了那些联系。他写道：“我毫不怀疑，这一迅捷的知识过程……将在上帝的指引下，成为消除一切错误和偏见的方法，成为终结宗教和科学事务中一切不适当、名不副实的权威的方法。”[15] 对我们现代人来说，这是一种完全可以接受的假设，不过在那个时代，它是大胆的，因为科学思维的支配力量将挑战宗教的阐释模式。不仅如此，普里斯特利接下来做出了一个甚至更大胆的暗示，他把科学进步和政治变革联系起来，并明确表示他的祖国也难以幸免。他说：“英国的等级制度（只要其结构有缺陷）同样会因空气泵或发电机而颤抖。”

后来者的视角之所以如此有趣，在一定程度上是因为在当时知识格局中，至少是在美国，还没有谁能够以任何令人信服的方式符合普里斯特利的模式。他既在科学上成绩斐然，也是一位执业牧师和神学家；到了 18 世纪 70 年代末，他即将成为他所在时代中在政治上受到最多攻击的人物之一。他是一位经验主义者，受到一种深沉、持久的对上帝的信仰的驱使，同时又是一位一流的革命者。在今天的文化中，不会出现一幅科学、政治、信仰有重叠的文氏图，尤其不会出现我们所讨论的在上述 3 个学科中全都持有激进观点的个人。现在，拥有坚定宗教信仰的政治家不乏其人，积极从事政治并产生重大影响的神职人员也不乏其人，但就“保守”这个词最普遍的含义而言，那个群体的绝大多数是保守的：他们试图保存、保护某种传统秩序。虽然阿尔·戈尔（Al Gore）算得上科学家 – 政治家，但科学家 – 政治家非常稀有，就像科学家 – 牧师那样。

普里斯特利集政治思想家、信徒、科学家、激进分子于一身，奏出了知识的和弦。如果说这种和弦如今依然能在美国引发一定程度的共鸣，那是因为革命一代中伟大、博学的知识分子托马斯·杰斐逊弹奏了这些音符的大部分，只是组合方式稍微不同。这两个人如此和谐并非偶然，因为杰斐逊本人从普里斯特利的乐谱中借来了他的主要音符。当然了，这是后话。

到了 1779 年，普里斯特利引人争议的观点造成了他本人与谢尔本伯爵之间令人不安的紧张关系。谢尔本伯爵几年后将重新担任公职，从 1782 年开始担任 9 个月的英国首相。在任期内，他将与富兰克林谈判结束那场革命战争。谢尔本伯爵暗示普里斯特利，他计划把普里斯特利安置到爱尔兰。普里斯特利则把这一提议视为一种信号：他已经失去了他的资助人的欢心。他们决裂的具体细节目前仍是个谜。情况可能是，谢尔本伯爵预感他会重获公职，认识到雇用一个唯一神教派教徒当他儿子的家庭教师可能存在危险。据说，谢尔本伯爵把整件事归咎于普里斯特利糟糕的健康状况。在这一时期，普里斯特利罹患了胆结石。也有可能，这两个人之间的沟通出现了问题，因为在整个分手过程中，谢尔本伯爵从没下过直接的解雇指令。普里斯特利的传记作者罗伯特·斯科菲尔德（Robert Schofield）做出的解释貌似最为可信：1779 年 7 月，谢尔本伯爵娶了第二任妻子路易莎·菲茨帕特里克（Louisa Fitzpatrick），路易莎是厄珀·奥索里伯爵（Earl Ossory）的女儿。她迅速使自己成为一位政治上合格的女主人，并显然发现了普里斯特利夫妇令人讨厌，这既是因为这对夫妇中间阶级的敏感性，也是因为普里斯特利的激进观点。数年后，谢尔本显然想与普里斯特利和解，虽然日期难以确定，但他抛出橄榄枝的时间似乎是在 1789 年路易莎去世后。

就普里斯特利和谢尔本伯爵失和的原因，人们仍议论纷纷。但是，结果就是：在经过和朋友的多次商议后，普里斯特利夫妇收拾起瓶瓶罐罐、空气泵和发电机，连同他们的 3 个孩子，搬到了伯明翰。为了搬到煤炭之国的核心地区，普里斯特利放弃了伯克利广场和卡恩。

谢尔本伯爵给了普里斯特利 150 英镑的年金，以便他在伯明翰继续工作。但是，由于和谢尔本伯爵分裂，普里斯特利的经济状况遭受了重创。有些时候，普里斯特利觉得，他将不得不重新去当家庭教师，以便贴补家用。但是，对普里斯特利宝贵的闲暇时光的威胁很快就消除了。这一回，认识到支持普里斯特利的工作将有巨大价值的不再是一个贵族，而是一大群富人，他们几乎全都在新兴的工业革命中发了财。就他在英格兰度过的剩余时间而言，普里斯特利将间接地以石炭纪储存的能量为生。

玛丽的哥哥约翰·威尔金森（John Wilkinson）是一个成功的钢铁厂老板。他在伯明翰郊区的费尔山（Fair Hill）为普里斯特利一家安排了一幢舒适的房子，普里斯特利夫妇迎来了第一个大转机。那幢房子有 4 间主卧室和仆人房，院落宽敞，足够满足孩子们探险的好奇心。楼上有一个狭长的房间，普里斯特利将其用作了书房。不过，它也兼作了一种 18 世纪的媒体室，普里斯特利会在那里举办魔幻的灯展，用他的发电机进行无害的电击，逗孩子们开心。费尔山唯一的不足是，它没有可以被改造成一个实验室的适宜空间。但是，普里斯特利为他的实验建造了一幢单独的房子，迅速把这种障碍变成了一种优势，满足了他的特殊需要。这对他在中部地区的旅居是一个适当的开端，因为他新结识的工业巨头们很快就会按照他要求的规格，给他提供大批工具。1780 年 9 月，普里斯特利夫妇搬到了费尔山。到了 11 月底，新实验室就建成了。普里斯特利给陶艺家乔赛亚·韦奇伍德写信说，他准备“按照哲学方式做比以往更多的工作”。[16]

然而，150 英镑的年金还是太少了，普里斯特利夫妇至少需要两倍于这个数字的金钱，才能做到收支平衡。在搬到费尔山之前，普里斯特利就开始补这份年金的缺口。他赢得了一群“订阅者”，他们每年都捐款支持他的工作。18 世纪的订阅概念在现代没有准确的对应词，它介于杂志订阅和向博物馆、公园、大学进行慈善捐款之间。订阅者享受特殊待遇，普里斯特利会给他们寄他所有著作的第一版。但是，他们的捐款大大超越了那些出版物的市场价值。率先阅读普里斯特利的最新著作固然好，但他们之所以订阅，是因为普里斯特利本人就是一项值得投资的事业。对普里斯特利来说，订阅是一种把捐助系统多样化的方式。他非但没有把他的命运系于一个贵族的心血来潮，反而在编织一个更广阔的支持网络，以保持他的思想的活力。

不幸的是，在离开谢尔本伯爵后，普里斯特利获得的首批订阅费很少。此外，在普里斯特利开始单干之后不久，他的重要支持者、贵格会医师约翰·福瑟吉尔（John Fothergill）就去世了。但是，关于普里斯特利的处境的传言很快就开始在中部地区企业家之间流传，这种传言可能源自威尔金森。到了 1781 年初春，一个群体形成了。在接下来的 13 年里，他们将集体支持普里斯特利的研究。他们是伦敦大都市之外的英国工业和知识界的杰出人物，包括：威尔金森；韦奇伍德；“玩具制造商”马修·博尔顿，他的小金属制品已经成了伯明翰的标志性输出产品；蒸汽机先驱詹姆斯·瓦特；诗人、医生、博物学家伊拉斯谟·达尔文，他是查尔斯·达尔文的祖父。这些人是具有传奇色彩的月光社的核心成员，月光社相当于伯明翰的诚实的辉格党人俱乐部。月光社成立于 18 世纪 60 年代中期，定期在满月期间聚会，社员会在酒宴上借着醉意辩论一番后，趁着月色回家。社员们开玩笑地自称“太阴狂人”。在史诗般的社会史著作《月亮人》（*The Lunar Men*）中，历史学家珍妮·厄格洛（Jenny Uglow）描述了一次典型的月光社聚会：

> 他们试图在两点进餐，通常计划待到至少八点。他们喝了很多酒……还吃了鱼和阉鸡、切达奶酪和斯蒂尔顿干酪、馅饼和乳酒冻。在晚宴上，妻子们有时会和男人们一起用餐，孩子们冲进冲出。酒足饭饱之后，仪器、计划、模型、矿石和机器就登场了。讨论会持续到深夜。[17]

月光社成立之初，普里斯特利和富兰克林就是它的远程非正式成员。在搬到伯明翰后，普里斯特利很快就成了它的核心成员之一。他们把定期聚会从星期日移到了星期一，以减少与普里斯特利在伯明翰新礼拜堂进行的布道的冲突。普里斯特利此时和拉瓦锡一起被认为是世界上最有成就的化学家，他作为一个科学家的身份使他成了月光社非常有价值的成员。月光社不乏工业创新，但说到纯粹的自然哲学，就比较弱了。到了18世纪80年代，大多数社员都能毫无困难地出资，使他们的新同仁获得他所需的一切闲暇时光。1781年3月，韦奇伍德在给博尔顿的信中写道："我们的好友达尔文博士和我们一样，认为普里斯特利博士是为了公共利益在做实验，心甘情愿把他的时间用于那种探索，如果在此期间他遇到任何忧虑和阻碍，都未免令人遗憾。"[18]博尔顿迅速回信，表达他对这一见解的支持。他建议由韦奇伍德"统筹安排，在博士不知情的情况下，让我们可以为一个如此值得称道的计划贡献绵薄之力"。这种慎重不仅是出自谦逊。由于其宗教和政治观点，普里斯特利已经备受争议，他的一些支持者因此不敢冒险与他保持公开联系。

没过多久，在写给老友托马斯·珀西瓦尔（Thomas Percival）的信中，普里斯特利写道：“我像我希望的那样富有。我的儿子们将在他们舅舅那里找到工作，我更希望他们到庄园中去。我因此认为自己命中注定是世界上最幸福的人，因为我可以把我全部的时间用于有用、愉快的追求。如果我在一项追求上失败了，就可以飞向另一项。”[19]

普里斯特利在费尔山的生活很快就步入正轨，开始了他人生中最幸福的时光。他起得很早，花五六个小时做实验、写作，然后吃午餐，“把下午留给拜访友人和聚会”。普里斯特利夫妇细心地照料他们在费尔山的花园。虽然与兰斯洛特·布朗在博伍德建造的巨大景观相比，这里无疑不可同日而语，但这是他们的花园，有别于谢尔本伯爵的奢华。他们现在有了 4 个孩子，他们搬到伯明翰时，他们的女儿萨莉 17 岁，萨莉的弟弟小约瑟夫 11 岁，爱吵闹的威廉差不多 10 岁，哈里刚会走路。几乎所有拜访过费尔山并留下文字记录的人都提到，普里斯特利夫妇营造的家庭环境富有游戏精神，也会提到它即兴的魔幻般的灯展和草坪上的扭打。**根据小约瑟夫的描述，普里斯特利几乎每天都至少玩两个小时的游戏，包括象棋、双陆棋、惠斯特牌，他们俩几乎每天晚上都会下两三盘象棋。当然了，随着孩子们渐渐长大，喧闹的家庭纸牌游戏在费尔山变得更频繁了。**

这一世外桃源明显缺了富兰克林，他身在英吉利海峡对岸的帕西，担任美国驻法国大使。虽然相对较近，但自 1775 年富兰克林在伦敦度过伤感的最后一天之后，普里斯特利就再也没见过他。富兰克林想过故地重游，但他的胆结石阻止了他。1784 年夏天，他在写给理查德·普赖斯的信中说：

> 我真的想过再次访问英国，享受一下拜访老朋友的巨大快乐。但是我发现，我的病虽然在别的地方还能忍受，但一坐车就犯，这让我担心这样一趟下来的后果。然而，我并没有完全排除可能性。我常常想起过去和那群出色的人在俱乐部度过的那些惬意的夜晚，真希望与他们再次相聚。也许，在某个星期四的夜晚，当他们在一起、唯独缺了我时，我会突然出现。[20]

然而，虽然身在法国，富兰克林仍不忘扩大普里斯特利作为一位自然哲学家的声望，游说人们把他列为法国科学院外籍院士。当院士们终于同意时，富兰克林在给普赖斯的信中喜悦地写道："自我居住在那里开始，只要有空缺，我就会提到他，那一职位的授予比以往任何时候都更为适当。"

1785 年，富兰克林最后一次坐船回费城。他已经 79 岁高龄，进行这样的航行无疑体现了他的勇气。很显然，他生前再也无法和普里斯特利相见了。普里斯特利继续邮寄他的科学著作。在现存的富兰克林后期写给普里斯特利的一封信中，富兰克林表示了感谢，并赞扬了普里斯特利独特的实验技能，他写道："据我所知，还没有哪个哲学家能像你那样长于追逐知识，继续前行，继续成功吧。"[21]

1788 年，在去世之前两年，富兰克林曾经给普里斯特利以前的学生本杰明·沃恩（Benjamin Vaughan）写了一封信。沃恩曾在战争结束时协助富兰克林谈判。“请代我转达对善良的普赖斯博士和真诚的异教徒普里斯特利博士的诚挚问候，”富兰克林写道，“我不是通过区别对待的方式称他真诚的，因为我觉得，我所认识的异教徒都是有道德的人。他们有道德、坚忍，否则就不会敢于拥有他们的异议了。他们无法承受缺失任何美德，因为那会给他们的众多敌人可乘之机。他们也不同于那些正统宗教的罪人，那样的罪人有朋友为他们辩解、辩护。无论如何，不要误解我。我并不是把我的好友的异议归咎于他的真诚，恰恰相反，他的真诚给他带来了异教徒的品质。”[22]

随着与革命一代最年长的成员的联系走到尽头，普里斯特利首次与美国建立了新的联系。在伯明翰的那些年里，他会定期去伦敦旅行，听取咖啡厅里的各种行话，会见他那些诚实的辉格党人老友。一个新的非正式协会已经形成，以书商、出版商詹姆斯·斯托克代尔（James Stockdale）的皮卡迪利商店为中心，伦敦各种知识分子聚在那里，讨论世界局势和神学思想。1786 年 4 月 19 日，约翰·亚当斯在日记中写道，他步行去了“书店”，在那里“第一次见到了普里斯特利博士”。他当时是美国派驻圣詹姆斯宫的大使。他们讨论了《圣经》中对征服迦南的描写，以及美国独立战争时期在南卡罗莱纳进行的战斗。“我整整一天都过得很惬意。”亚当斯写道。他还颇富预言性地补了一句：“今天播下的种子将会发芽。”[23]

月光社为普里斯特利“有用的追求”捐献的不仅仅是金钱：韦奇伍

德为新实验制造了陶制器皿，博尔顿和他的妻兄设计了金属器皿，当地的一个剧院经理给普里斯特利生产了最新式的玻璃仪器。通过销售制造普里斯特利的苏打水的设备，这个剧院经理生意兴隆。这些安排并不是纯粹的慈善，普里斯特利定期就商业项目给他的月光社朋友提供建议，为韦奇伍德和博尔顿检查陶土和铁矿石样本，与瓦特分享他在燃烧学上的最新研究。他成了一个移动的只有一人的研发实验室，他的时间和智力分享给多家公司。普里斯特利长期以来的知识开放性有时会让他更富有知识产权意识的同仁担心，尤其是詹姆斯·瓦特。商业机密的规则绝对不同于普里斯特利与所有愿意听的人分享一切的倾向。但是大体而言，普里斯特利和月光社的联合是一种非常成功的伙伴关系，既有合作，又有鼓励，与 15 年前的诚实的辉格党人俱乐部完全一样。

我们之所以对普里斯特利的事业如此感兴趣，原因之一是：他的工作处在 4 种思想生产的体制模式的交汇点上。在这 4 种模式中，有两种在他生前只是初步显现，另外两种即将陷入相对的沉寂状态。今天，我们理所当然地认为，科学或技术进步是在两种原生环境中孕育的：私人企业和公共组织。公共组织包括大学或医学中心，受到了政府资金的支持。普里斯特利搬到伯明翰，正好让他处在了第一种模式的起点上。第一种模式是科学、技术和资本的融合，是在瓦特、博尔顿等新兴工业家阶层的帮助下产生的。1774 年，在和谢尔本伯爵一起访问法国时，普里斯特利曾亲眼看见运转中的第二种模式。那是一种有计划的政府支持的创新模式，扶持了他在化学上的伟大对手拉瓦锡的工作。

不过，普里斯特利只是这两种即将占优势的创新环境的匆匆过客，他的事业是在其他土壤上兴起的。首先，存在单干的自由研究者模式，研究者独自在他的实验室工作，受到一个资助人或一小群资助人的支持，他们一般不干涉他的研究目标。其次，存在联系松散的小社团模式，一群有着不同专业背景的知识分子结合在一起，分享见解和灵感（以及牛排和斯蒂尔顿奶酪），在情感，有时还在经济上相互支持，比如诚实的辉格党人和月光社。普里斯特利的事业大多发展于这些非结构性环境中，我们对此不应感到意外。对启蒙科学来说，业余爱好者和小社团是两种盛行的模式。对于普里斯特利这样的持异议者、跨学科思想者，这两种模式非常合适。在过去的两个世纪里，这两种模式就像普里斯特利的发电机那样，变得越来越罕见、过时，被大工业和大环境的巨大涡轮取代了。

普里斯特利实际上设想了另外一种“可能有利于增加哲学知识”的模式。1767年，在他的科学生涯的开始阶段，在《电学的历史、现状及原创实验》开头几页中，他概括了它。他一开始就引发了人们对体制系统的注意，如拉瓦锡的法兰西学院这样的“大型法定社团，通常拥有促进哲学知识的资金”。普里斯特利喜欢那种资助创新的思想，但他反对这些社团的集权化特性。于是，他提议把它们分解成比较小、较灵活的团体。他说：“可以让哲学家现在开始细分他们自己，进入较小的团体。”他写道：

让几个伙伴筹集小笔资金，任命一位实验主管。让每个成员都有权按照他募集的资金的比例，指定对实验的检验。要定期出版关于全部实验结果的记录，无论是成功的，还是不成功的。如果采用这种方式，所有成员的力量就都会联合起来，并得到提高。一切都可以做实验，并且这些实验能够以适度的花费完成。参加这些实验是每个人的本分，他们将做这些实验，并立即报告。

这一设想是典型的普里斯特利设想，反映了他自己不拘一格、即兴的研究风格。团体的多样性和可做实验的多样性，可以保证众多有趣的问题得到研究。不仅如此，每个团体的“实验主管”的责任还避免了拖垮众多大企业的官僚体制的惰性。可以说，这种创新架构并非企业或大学模式采取的方法。这种历史上未发生的事件是否令人叹惋，或普里斯特利的见解是否在实践上绝对不可行，都不在这本书讨论的范围之内。就我们当前的目的而言，重要的是通过参与月光社，普里斯特利几乎创造了他在 1767 年初概述的那种环境。在英国中部地区，在费尔山的实验室里，一位“实验主管”，即普里斯特利本人，在经济上受到了一小群成员的支持，他们中的每一个都提出了不同的实验要求，而且与整个团体分享实验结果，并由整个团体来分析实验结果。普里斯特利等待了 15 年，等到他安顿下来并开始在费尔山的新实验室里工作时，在月光社资助人的积极配合下，他终于建立了青年时梦想的那种工作环境。

一场必然要输的赌局

具有讽刺意味的是，虽然普里斯特利曾经向韦奇伍德自夸过，但事实证明，在费尔山的那些年并不是普里斯特利在自然哲学上的巅峰。他将会在伯明翰设计巧妙的实验，发表 10 多篇论文，这些论文涉及的主题多种多样：氧化亚氮，水的构成，以及众多和铁、蒸汽有关的研究。这些研究受到了他的新环境的启发，也是应他的月光社资助人、朋友的要求而来。他还给他的巨著《关于不同种类的空气的实验和观察》增补了两卷。但是，就最终的社会和科学影响而言，这一时期的发现无一能够与他在利兹做出的发现相比。费尔山没有薄荷枝，也没有苏打水。

今天，在伯明翰的中心，在耸立于伯明翰图书馆前面的普里斯特利的雕像中，人们可以清晰地看到对这种缺失的默认。这座雕像描绘了普里斯特利用他的取火镜从水银渣里提取纯净空气，但这一实验是在威尔特郡做的，不是在伯明翰。在伯明翰，普里斯特利把很多时间用在了一场终将失败的斗争上，他对抗拉瓦锡及其对燃素理论的批判，一度还把月光社社员拖入了辩论。他们中的大多数最终与他们的首席科学家分道扬镳了，至少在这一点上是那样。普里斯特利将在余生中坚守燃素模式，但不断积累的数据和专家意见表明，它存在致命缺陷。多年来，他拒绝放弃这一理论，这遭到了人们的尖锐批评。在某些科学史记录中，由于这一错误，他从未被原谅。就连月光社社员也纳闷：他们颇有天赋的同仁显得那么执着于一场显然要输的赌局，究竟是为了什么。

在他最初研究空气之谜期间，技术和实验环境起到了很好的作用，但在抵挡对燃素理论的攻击时，它不灵了。一方面，普里斯特利是一位定性科学家，不是一位定量科学家。他曾经使用那种塑造了拉瓦锡新化学中众多成分的异常精确的天平，却很少在他的研究中使用要求严格的测量值。就其性质而言，普里斯特利的自然哲学中的所有典型转折都几乎与存在有关：植物活了，老鼠死了，火焰熄灭了。另一方面，拉瓦锡的新化学是关于细节的故事，关注的是这种气体比那种气体在重量上少了一点点。发现一种比纯净空气更纯的空气需要定性分析技能和即兴风格，普里斯特利不缺这些东西。但是，要界定那种空气的化学构成，则需要利用不同的工具。这里面既包括思想的工具，也包括技术的工具。**用库恩的话说，普里斯特利的技能最适合于发现现存范式中的异常现象，任何稳定得足以被称作科学范式的都可以。因为这种能力，他掀起了一场化学革命，他借助灵感和稍有混乱的研究首先发现了模式的漏洞，创造了那种模式无法解释的新事实。但是，等到实际构建新的解释、为新的范式确立游戏规则时，普里斯特利的方法让他的努力事倍功半。**

如果说这种小团体资助模式在实践上并不像普里斯特利的理论那样运转良好，没有使他在费尔山岁月里的自然哲学记录取得成功，那也不是因为伯明翰的知识生态系统未能支持大型科学研究。毕竟，你无法把普里斯特利的燃素问题归咎于他在月光社的赞助人。如果说伯明翰的环境给普里斯特利的科学研究造成了不良影响，那么这种影响也是间接的，正是那种新环境解放了普里斯特利的政治和神学激进主义，使他陷入了一系列分神的新论战。在费尔山的新实验室里，普里斯特利原本有可能在自然哲学上取得更高成就，但就像富兰克林那样，他最终卷入“短暂的”政治世界。

如果你仔细聆听 18 世纪 60 年代末以来他写给富兰克林、普赖斯、坎顿的心里话，就会发现这种激进主义显然一直都存在。他没有足够稳定的独立经济基础，因而无法大声地表达他的信仰，但他出版的著作仍然冒犯了上至国王的众多权威。但是，月光社给他提供了庇护，因为虽然该社中有一些人是工业领军人物，但他们都像普里斯特利那样激进，只是方式不同。他们之所以激进，不仅是因为他们对标新立异的思想非常宽容，而且是因为他们的经济和政治利益让他们与普里斯特利的激进主义达成了一致。

在这里，我们再次发现，石炭纪改变了 18 世纪英国的政治进程。事实上，煤层集中在英格兰北部，使英国的经济力量平衡偏离了萨塞克斯、埃塞克斯、肯特繁荣的乡村庄园。在这些地区兴盛的农业资本主义本身就是一个能量流动的故事：英格兰相对温暖的南方最适于捕获来自太阳的能量，于是中世纪时农业社区在那里安顿下来，最终创造了一种繁荣的农业经济，尤其是在 16—17 世纪的圈地和改进措施大大增加农业系统的产量之后。温带海洋性气候的存在应该归因于富兰克林的“海湾流”的巨大能量转移。英格兰本来距离赤道较远，但“海湾流”使英格兰变得比较温暖。伦敦毕竟和纽芬兰处在同一纬度，后者一般最迟到 5 月还会降雪，7 月的平均温度最高也不过 12.8 摄氏度。如果没有海湾流，英格兰绿色、宜人的土地每年会有6个月被积雪覆盖。

这些能量模式直接影响了人类的定居模式。从中世纪开始，英格兰人口中心就集中在阳光更灿烂、土壤更肥沃的南部地区，政治力量自然也围绕着这些能量丰富的环境存在。到了普里斯特利的时代，70%的下议院议员都来自布里斯托尔和伦敦之间那条想象的分界线以南的市镇。[24]

南方拥有的自然环境更适于从活着的植物中提取能量，北方则更适于从已经死了3亿年的植物中提取能量，但如果没有将其从地下提取出来并加以运用的技术，石炭纪的能量就毫无用处。人类可以利用比较古老的大规模种植技术在南方兴盛起来，但想要使北方储藏的能量有价值，则需要工业化的技术。

等到这些技术在17世纪末18世纪初出现时，它们引发的社会变革既迅速又猛烈。伯明翰附近的南斯塔福德郡和沃里克郡的煤炭矿藏推动了伯明翰利润丰厚的金属贸易。于是，在18世纪，伯明翰的规模每30年就翻一倍，不仅创造了博尔顿、威尔金森家族那些由没有头衔的巨头构成的新阶层，而且创造了在工厂里劳动的新兴城市工人阶级。英格兰当时的人口统计变化非常大，不输于它作为一个民族在历史上所经历的任何一次变化。然而，议会的构成依然如故，宛如沙尘暴中的一块化石。伯明翰是英格兰的第四大城市，人口近7万人，但在议会中没有一个代表。这是 18 世纪英格兰政治与经济的巨大脱节，议会的地图以约 1300 年的英格兰能量供应地图为基础。英格兰在工业革命的浪潮中沉浮，但其政治体制仍旧受困于农业时代。

那时，对那些新兴的月光社巨头来说，伯明翰的生活类似于纳税却无代表权的殖民地的小规模重演。他们在创造巨大的财富和技术优势，在议会中却连一个席位都没有。这种经济和地理局势引发了他们对英国体制的陈旧结构的强烈不满。月光社的绝大多数成员也是宗教上的异见者，因此遭到了议会体制的双重排挤。我们不妨回忆一下普里斯特利就“英国等级制度”及其可能“有缺陷的结构”所发表的见解：如果它们会“对空气泵颤抖”，那么它们更会害怕一台蒸汽机。

这就是月光社社员在普里斯特利身上看到的独一无二的价值主张：作为一位科学家，他能够提高他们的蒸汽机和钢铁厂的生产效率；作为一位因著述颇丰而著名的政治参与者，他能够为那些繁荣的工厂所必需的改革而斗争。伯明翰处在一种罕见的历史节点上：迅速积累的财富同时被用于颠覆现状。那么，我们也就毫不奇怪，在伯明翰的那些年里，普里斯特利发表的见解越来越大胆了。他处在一股辩证浪潮的浪尖上：大规模膨胀的新资本涌向岸边，意在摧毁所有挡住其道路的古老建筑。

普里斯特利在费尔山度过了 11 年的时光，几乎和他在利兹、卡恩度过的时光一样长。在某种意义上，这两个时期是相互平行的。因为在

18 世纪 80 年代，在伯明翰度过的岁月里，普里斯特利拥有了第二条“轨迹”，出版了那个纷纷扰扰的 11 年中最有影响力、最具煽动性的小册子，影响了发生在英国、美国、法国的事件和思想。**在这里，事实再次证明，要理解这第二条轨迹如何形成，长变焦的方法不可或缺，其中包含各种因素：第一，普里斯特利个人的知识共享空间，它让来自不同学科的思想得以融合与提升；第二，月光社的信息网络及其类似的专业知识和兴趣多样性；第三，小团体资助经济，早期工业化资本积累使其成为可能；第四，是由能量储藏造成的议会冲突，这种能量储藏最初是在恐龙时代之前从太阳那里捕获的。**因此，如果我们尝试回答，在暂居费尔山期间把普里斯特利逼上激进主义之山的是什么，我们可以在一定程度上使用传统的阐释方法：我们可以追踪他的知识谱系，细读他出版的著作和通信；我们可以描述那个时代的政治压力和冲突，解释普里斯特利是如何应对它们的。但是，长变焦方法同样不可或缺。石炭纪孕育的财富确实偿付了他在这一时期的账单，煤炭储藏和“海湾流”这两种能量系统的冲撞创造了一种政治气候，培育、滋养了他在一些重要领域所持的激进观点。

然而，在普里斯特利的两条轨迹之间，有一个关键区别。普里斯特利在 18 世纪 70 年代的良好状态以他与谢尔本伯爵的失和告终，但他的费尔山岁月却以一座炼狱告终。

使普里斯特利被迫流亡的最终危机以发生在 18 世纪 80 年代的 3 种主要争议为开端，就像一系列震动导致了一场毁灭性的地震。第一波震动源自 1782 年他揭露的宗教腐败现象。这部著作最初是作为《自然与启示宗教的研究》（*Institutes of Natural and Revealed Religion*）第四版的增补内容而写的，普里斯特利在该书上一版目录的基础上增加了很多内容，以至于它的内容变得太过广博，于是普里斯特利最终把《基督教腐败史》作为单行的两卷本出版。《基督教腐败史》是对现代教会进行的一种历史解构，把每种魔幻和神秘主义的实例都分离出来，并且可以追溯到希腊和拉丁神学家对它们的曲解。那种魔幻和神秘主义的曲解都始于公元 4 世纪和 5 世纪，大约在尼西亚会议时代。《基督教腐败史》以对三位一体的谨慎攻击开始，这部分内容占到了整部书的 1/4。然后，它扩大攻击目标，指出其中一些较小的滥用之处，以及圣餐礼虚假的神秘主义、宿命论、灵魂的非物质性、最后的晚餐等。关于圣徒和天使的那一章给人感觉是对同时代信条的典型蔑视，不仅解释了现代观点的谬误，而且解释了通向这些谬误的演化路径：

> 基督教会的偶像崇拜始于对耶稣基督的神化和适度崇拜，但它远没有以此终结。出于一些相似的原因，基督徒迅速被导向对有着突出价值和圣洁之人的过分尊敬，这种尊敬最终完全以一种崇拜终结，就像异教徒崇拜自己的英雄和半人半神，并以和向上帝本身祈祷相同的方式向他们祈祷一般。同样的极致崇拜也把基督徒引向了迷信地尊敬他们的遗迹、他们生活过的地方，以及他们的绘画和形象。[25]

普里斯特利对数以百万计世界各地的神化圣徒的基督徒失去了耐

心，他认为他们和“异教信仰时代的那些向树木和木头鞠躬的人”没有什么区别。

虽然存在这样的批判，但在《基督教腐败史》中，普里斯特利小心翼翼地将其呈现为对基督教信仰的捍卫，恢复了它最初的价值观，即耶稣本人和那些崇拜一个上帝的“原始”传教士的价值观，没有留下对地球上的生命进行超自然解释的空间。“倘若我在这一研究中取得成功，”他在序言中解释说，“人们将会发现，这种历史方法是最令人满意的论证模式之一，为的是证明我反对的东西是基督教的一种腐败，而不是原始方案。”[26]

《基督教腐败史》采用了普里斯特利第一部关于电学的巨著的历史方法，追根溯源并得出结论：它不是一种关于不断增加的知识的历史叙事，而是一种关于不断增加的混淆和谬误的故事。要登上基督教理解之山，你必须回到故事的原点。

对普里斯特利的同辈来说，《基督教腐败史》那样的著作呈现了一个奇怪的难题：普里斯特利这样的激进唯物主义者怎么会想不到，上帝自身这一概念无论是一元的还是三位一体的，都是超自然思维的终极实例。1774 年，当他在巴黎结识拉瓦锡和其他哲学家时，他们惊讶地发现，这样一个成就斐然的科学家居然也是一个有宗教信仰的人。在《基督教腐败史》中，普里斯特利用了数十页罗列证据，证明 5 世纪的神学家如何捏造了“上帝和耶稣同一”的思想，如何脱离了最初的叙事，即上帝创造耶稣，只是为了让耶稣担任传达他神谕的人类信使。但是，对一个存在于基督教信仰结构之外的人来说，甚至对一个存在于所有成体系的宗教之外的人来说，这两种叙事似乎都迫切需要经验证据。如果你不信仰上帝，那么无论说耶稣是上帝创造的一个人，还是说耶稣就是上帝，都同样不可信。

基督教的上帝不存在这一观念似乎是普里斯特利完全没有办法面对的。对一个无神论者来说，上帝的不存在界定了普里斯特利知识地图的边缘，这是他不愿意贸然越过的那个点，相当于神学上的燃素说。但是，对一个同时代有信仰的人来说，这个故事解读起来则有所不同：一个信仰宗教的人迫于科学和历史之光，改变并重塑了他的信仰，挑战了当时的正统思想，却无论如何都决心保留其核心。虽然普里斯特利是一个高层次的异见者，却拥有不可动摇的信仰。他那些跳入无神论的知识分子同辈似乎让他感到为难。对于富兰克林那样一个“品性好、影响力大的”人“居然不信仰基督教”，普里斯特利感到“惋惜”。但是，他把富兰克林的无神论归因于缺乏适当的研究。他在回忆录中写道：“富兰克林向我承认，他对基督教的证据没有给予应该给予的关注，希望我向他推荐一些与这一主题有关的专著。”[27] 普里斯特利给富兰克林推荐了哈特利的著作，以及他自己的《自然与启示宗教的研究》中的几卷，“但美国独立战争不久之后就爆发了，我不相信他能找到足够的闲暇来探讨这个问题”。

托马斯·杰斐逊，普里斯特利最忠实的信徒

如果说普里斯特利没能把富兰克林重新变成信徒，那么在和另一位有着强烈自然崇拜倾向的美国创建之父托马斯·杰斐逊的交往中，他则要幸运得多。具有讽刺意味的是，虽然《基督教腐败史》意在解构现代基督教的众多核心价值观，却最终赋予杰斐逊足够的哲学支持，使其再次自称基督徒。

杰斐逊于何时第一次读《基督教腐败史》我们不得而知。他的图书馆以包罗万象而著称，是现代国会图书馆的雏形，其中的版本的出版日期是 1793 年，杰斐逊似乎有可能在这一时期的某个时候读了这本书。当时，在担任华盛顿的国务卿之后，他曾经短暂退隐，在蒙蒂塞洛过起了与知识为伍的生活。鉴于杰斐逊因为陷入新国家领导层逐渐加剧的狭隘的党派斗争而筋疲力尽，阅读 300 页激进的神学史专著对他而言有可能纯属逃避现实。我们可以确定，那本书给杰斐逊留下了不可磨灭的印象。20 年后，他在致约翰·亚当斯的信中写道："我曾经反复阅读普里斯特利的《基督教腐败史》及其早期的关于耶稣的见解，我依赖它们……作为我自己的信仰的基础。这些著作从来没有得到解答。"[28]

1801 年担任美国总统后不久，杰斐逊给本杰明·拉什（Benjamin Rush）写了一封字斟句酌的信，捍卫自己的基督教信仰，批驳在和约翰·亚当斯竞选期间遭受的诸多攻击。他说："我是一个基督徒，并且

是基督希望所有人都成为的那种唯一意义上的基督徒，即由衷地坚持耶稣的教义而非其他，把人类的所有优点归因于耶稣，相信他从没提出过别的主张。"[29] 他以直接引用普里斯特利的话作为这一重大宣告的开端："我的确反对基督教的腐败，但不反对耶稣本人的真正戒律。"当杰斐逊构建传奇的"杰斐逊圣经"时，他遵循了普里斯特利于 1782 年第一次勾勒的蓝图。这是对原始经文的一种混编。在这一过程中，杰斐逊有选择地编辑了所有提及基督的神性和其他超自然元素的经文。

为什么《基督教腐败史》对杰斐逊产生了如此深刻的影响？答案是，在一种很关键的意义上，这本书帮助他找到了他多年来努力寻找的一种摆脱困境的方式。他和富兰克林一样，也是最清晰地体现理性时代的美国奠基者。虽然他作为实践科学家从来没有获得富兰克林那样的成就，但他对自然哲学有着浓厚的兴趣。说到对自然哲学的兴趣，他出版的唯一一部著作《弗吉尼亚州笔记》（*Notes on the State of Virginia*）可以证明，里面有丰富的植物学和地理学研究。在杰斐逊成年的大部分时光里，他曾努力调和对理性的信仰和对基督教或任何有组织的宗教的信仰。"据我所知，我自成一派。"他曾写道。杰斐逊的自然崇拜倾向众所周知。在公共领域里，人们经常用它来反对他，尤其是在 1800—1801 年他和亚当斯的总统竞选中。小册子作者还指控他和他的一个奴隶育有子女，我们现在知道，这一指控是真实的。然而，这再次表明，政治上的隐私揭发和美国自身一样古老。杰斐逊对启蒙运动的敏感性让他很难坚持他的基督教信仰，但当时的政治现实同样让他难以彻底放弃基督教信仰。普里斯特利的《基督教腐败史》给他指明了出路。基督教不是问题所在，这是一种被曲解、伪造的基督教，它演化了数个世纪，杰斐逊无法信仰。多亏了普里斯特利，他得以再次成为一个有着良好信仰的基督徒。说真的，与那些坚持现代教派的超自然修饰的信仰者相比，杰斐逊的基督教更纯洁、纯粹。

《基督教腐败史》之所以能引起杰斐逊如此强烈的共鸣，还有另外一个比较诗意的原因。普里斯特利的故事的叙事结构是一种纯净、优雅、道德凝聚力的原始状态，后来被阴谋家、骗子、精英玷污了，它在杰斐逊的世界观中一再出现，在他所说的原初盎格鲁 – 撒克逊文化的“古代辉格原则”中表现得最为突出。正如历史学家约瑟夫·埃利斯（Joseph Ellis）所描述的那样：“在一个失落已久的时间和地点，那里的人十分和谐地生活在一起，没有强制的法律和掠夺成性的统治者。”[30] 这个社会被一代代国王、牧师和城市金融家不怀好意地包裹成了18世纪英国令人作呕的形式。正如蒙蒂塞洛和普通的农业生活方式给杰斐逊提供了一种回到应许之地的方式，普里斯特利的《基督教腐败史》指出了通向同样淳朴的原点的道路，让杰斐逊可以毫不妥协地“把他的信仰放在”原点之上。杰斐逊无疑欣赏普里斯特利的学识和他思路敏捷的文本细读能力，但《基督教腐败史》之所以如此难忘，还有一个比较简单的原因：它是杰斐逊喜欢听的故事。

然而，在1782年的英国，普里斯特利的《基督教腐败史》却没有引发共鸣。出版之后，《基督教腐败史》引发了强烈的反应。也许除了普里斯特利本人，没人对此感到意外。副主教塞缪尔·霍斯利（Samuel

Horsley）的反应最为强烈，他谴责这本书是一种“扰乱信仰、打破所有教会体制……的非同寻常的尝试”。[31] 虽然和普里斯特利一样热爱科学，但霍斯利对持异议者只有轻蔑。他抓住《基督教腐败史》出版的机会，对普里斯特利的总体名誉发起挑战，宣称普里斯特利获得的科普利奖章不过是拜一些“幸运的”发现所赐，并且从普里斯特利的作品中选取了一长串含义模糊的引文和循环论证。普里斯特利迅速被拖入了这种他所谓的“粗鲁的攻击”之中，并且持续了多年。

第二波震动是普里斯特利于 1785 年进行了一次布道，这次布道内容后来出版为小册子《自由探究的重要性和程度》（*The Importance and Extent of Free Enquiry*）[32]。这本书包括了呼唤一位论运动的战斗口号。他写道：“尽管目前支持一位论的教堂尚少，但我们不要沮丧。显而易见的是，一位论每天还都在获得更多的支持。”但普里斯特利也承认，鉴于当时的政治现实，人们需要的东西不只是乐观。他需要一个对文化变革的隐喻，以便能说明为何突发性的革命发生在长期的相对稳定之后。起初，他瞄向了农业的季节性能量流：“我们现在正在播种，冬天的寒冷可能使其无法出苗，但一旦友善的春天来临，它就能破土而出，并且茁壮成长。因此，今天看上去完全赤裸荒凉的土地，可能明天就会充满生机，绿意盎然，并为我们允诺一个大丰收。”但四季循环的稳定周期，对这个故事来说可能略显平淡。他在下一句中，用了一个更加强有力的能量隐喻：地震、火山或者旋涡。他写道：“现在真相是默默传播的，这甚至可以与世界上的那些动机相比拟，即现在虽然会一时休眠，但今后在适当的环境下将有最猛烈的行动。”

旧世界的大楼一旦倒塌，地基就再无机会重建

接下来，普里斯特利登上了关键一级：从阳光和植物的能量流动、自然灾难的突然爆发，一路走向人为的战争的爆发。他说：

> 我们可以说是在谬误和迷信的旧大厦下一点一点地埋炸药，此后一个火星也许就会点燃火焰，制造一场瞬间发生的爆炸，花了数个时代建造起来的大厦也许会在瞬间倒塌，从而使同样的地基上再也无法建造建筑。

火星、火焰、爆炸，能量的捕获和释放依然处在普里斯特利事业的中心，即使是在言辞上。乔赛亚·韦奇伍德曾经建议删掉“炸药”这个词，他非常精确地预言，那个词会引发很大争议，让人不去关注普里斯特利的布道中所包含的合理信息。但是，这无济于事，因为普里斯特利是在 11 月 5 日进行的布道，而这个日子是盖伊·福克斯（Guy Fawkes）于 1605 年炸掉议会未遂的纪念日。福克斯之所以要那么做，是为了抗议当时的反天主教法律。普里斯特利的这次布道永远成了所谓的“炸药布道”，他的敌人则称呼他为“炸药乔”。霍斯利大为恼怒，对普里斯特利和林赛发动了新的攻击，说他们俩都没有签署必要的文件，让他们的教堂获得法律认可。霍斯利认为，尤其是普里斯特利，他对英国构成了直接威胁。在一句充满恶意的句子里，霍斯利怂恿“伯明翰的同仁……把普里斯特利的大项目掐死在萌芽状态”。[33]

第三波震动源自英吉利海峡对岸，出现于法国大革命的开端。普里斯特利和多数月光社社员对它都非常感兴趣，把它看成过去 10 年美国革命以来文明进步的逻辑延续。普里斯特利的诚实的辉格党人老友理查德·普赖斯进行了一次布道，热情地把这两场革命联系了起来。普里斯特利立即给普赖斯写信表示祝贺，赞扬“那个国家和美国的自由，当然所有其他国家的自由也都是有希望的，并将以它们为榜样”。[34] 此后不久，埃德蒙·伯克就撰写了他的经典著作《对法国大革命的反思》①，它既是对普赖斯和普里斯特利的直接反驳，也是对一些以巨大热情欢迎法国的消息的激进辉格党人团体的直接反驳。伯克斥责他们是一群天真的理想主义者，“不熟悉他们热衷于干涉的世界，对它的所有事务都缺乏经验，却以如此信心对它加以宣讲”。在一个经常被引用的句子里，他开玩笑地影射了普里斯特利的《对空气的观察》和他的苏打水发明：

> 狂野的气体（二氧化碳）散发出来了，但我们只有在最初的沸腾有点消停后，在溶液澄清后，在我们能够透过表面上纷乱气泡的激荡看得更深厚后，才能做出判断。[35]

后来的事情最终证明伯克是对的，至少在理解革命最初泡沫的困难方面是正确的。但是，在普赖斯的小册子出版后不久出版的一本小册子

① 这本书的英文名是：*Reflections on the Revolution in France, and on the Proceeding in Certain Societies in London Relative to That Event*。

中，普里斯特利做出了不同寻常的敌视反应。“先生，你的整本书几乎就是同一种毒药的载体，”他写道，“反复灌输对君王的尊敬，可惜不够一致，与他们最初由人民选择无关，仿佛他们拥有某种天然的、不能被废弃的统治我们的权力，生来就是发布命令的，而我们生来就是服从命令的。”

普里斯特利一向乐观，在他看来，18 世纪 80 年代的论战似乎是一种不容置疑的进步标志，无论是在个人意义上，还是在社会意义上。他的宗教和政治思想的影响力已经达到他的自然哲学在 10 年前的利兹岁月中达到的程度。虽然，人们对炸药的抵制是不可避免的，但一个核心的不可否认的观点是：变革正在进行。然而，几乎所有来自普里斯特利人生这一时期的核心元素，包括煤炭储藏、新工厂体系、获得授权的持异议教会，以及国外的革命，共同产生了一种辩证的怪物。这种怪物终将崛起，对他和他所属的小团体所拥护的一切展开报复，这就是“教会和国王”运动。它是一个大体上由工人组成的团体，受到保守派精英的煽动，仇视各种形式的变革：持异议者，他们削弱了英国国教；工业巨头，他们毁灭了乡村英国的农业安宁；国外野心勃勃的弑君者，他们在其英国同盟的支持下寻求终结一切形式的君主制。由于宗教激进主义、亲法倾向，以及伯明翰精英的身份，“炸药乔”成了“教会和国王”暴徒的终极报复目标。

相关的警示信号早就存在。一个化名约翰 · 诺特（John Nott）、自我描述为“纽扣磨光器”的人给普里斯特利写了一封公开信，公然威胁道："现在，请普里斯特利先生说说，如果他们给你捎信，说他们已经在你的房子或教堂下面埋了几火车炸药，你本人会喜欢吗？"1790 年 1 月，3 个男人试图闯进普里斯特利在费尔山的住所。在被发现后，他们透过开着的窗户，朝一个女仆开了一枪。此后不久，诺特发表了一封带着威胁意味的信："你不记得你在一个星期六的遭遇有多么危险，当时我们的一个伯明翰枪手朝你花园里的一群麻雀开了枪。"[36]

平静，怜悯，他退隐了

教会和国王的"狂野的气体"到 1791 年 7 月彻底成了脱缰的野马。当时新成立的宪政协会把普里斯特利列为它的成员，它宣布将在巴士底日（法国国庆日）举办晚宴，欢迎"任何向往自由的朋友"到洛尔修道院的皇家旅馆参加晚宴。当第二篇广告刊登在《伯明翰公报》（*Birmingham Gazette*）上时，它旁边还刊登了一封匿名信，信中威胁要公布那天晚上"关于所有在那家旅馆参加晚宴的人的名单"。这封信的署名是"维旺·雷克斯及雷吉娜"(Vivant Rex et Regina)。在下个星期里，小册子、传单、报纸广告接连出现，引发了各方的怒火。最具煽动性的是一个名副其实的战斗号召："无论现代的共和党人如何设想，或提倡弑君之人在筹划什么，我们都要让他们相信，这个国家的民众有着足够的忠诚来支持、保卫他们的国王。"[37] 到了 7 月 14 日早上，有人开出各种奖励，搜集与各方小册子的作者有关的证据。宪政协会在《伯明翰公报》刊登广告，重申它对国王、贵族、平民 3 个等级的信奉，但没有完全撤销它对法国大革命的支持："一个自由政府的好处显而易见，他们为自由权扩展到他们的邻居而深感欣悦，与此同时又以最明确的方式承认，他们对自己国家的宪政有着坚定的信念。"

然而，最后时刻的和解姿态徒劳无益。在漫长、纷繁的历史中，就聚餐庆祝活动而言，宪政协会在 7 月 14 日举行的晚宴也许是记录在案的在政治上最具有爆炸性的晚宴。具有讽刺意味的是，这场晚宴几乎不算发生过。在 14 日上午的某个时候，宪政协会取消了晚宴，但也许是旅馆老板不想损失赚钱的机会，提出了一个替代计划：他们继续用餐，但提前离开，以避免麻烦。然而，在征询了朋友的意见后，普里斯特利留在家中没有去。

下午 3 点，大约有 80 个人抵达了旅馆，遭到了一小群已经聚在门边的"教会和国王"运动成员劈头盖脸的嘲笑，他们高喊"不要教皇"。当地一位艺术家为此雕刻了一座塑像：乔治三世的一枚大勋章，勋章由两座方尖碑构成，一座方尖碑象征"英国现在享有的自由"，另一座象征着"法国打破专制统治的自由"。[38] 晚宴的第一次敬酒在一定程度上具有防御性，敬给了国王和宪政协会，但不久之后就敬给了法国国民议会和辉格党。等到 5 点宴会结束时，宪政协会成员迅速散去。他们遭到了抗议者的攻击，并且抗议者还用石块代替了口号。更严重的局面被安抚下来，直到晚上 8 点。当时，更多的抗议者从酒馆出发，来到皇家旅馆的门口，他们认为晚宴在那个时候结束。

暴徒们发现，他们居然晚了 3 个小时，没有碰到弑君的敌人，不由得怒火中烧。他们砸碎了旅馆前面的窗户，然后有人提议去普里斯特利的新礼拜堂。暴徒们拿着铁撬和棍棒，不到一个小时就把整幢建筑变成了一个闷燃的空壳。暴徒们从礼拜堂里扯下大门、屋门，拖出长椅和书籍，扔到了前面台阶上的熊熊烈火之中。另外一伙暴徒来到旧礼拜堂，在挨着它的小公墓里也放了一把火。大火越烧越旺，屋顶最终坍塌了。当暴徒摧毁伯明翰的礼拜堂时，在城市郊区的费尔山，普里斯特利夫妇正在安静地下着双陆棋，对不足 2 千米之外的混乱浑然不觉。到了晚上 10 点，普里斯特利的朋友塞缪尔·赖兰（Samuel Ryland）冲进了他家。他是乘坐一辆轻便马车从伯明翰赶来的，同时带来了暴乱的消息。他对吃惊的普里斯特利夫妇说，礼拜堂被摧毁了，暴徒正在赶来。普里斯特利和费尔山是他们的下一个目标。

暴徒内心有怎样的化学反应呢？他们是社会史的海龙卷：虽然很少展示力量，但一展示就非常猛烈，能够在几乎没有预警的情况下突然出现，又迅速消失。明显的是，暴徒的行为不可避免地展示着密集的能量转移：100 名愤怒的男人合力拉倒一座建筑，释放出毁灭性的燃烧力量。在这一意义上，暴徒身上具有某种真正原始的东西。他们不仅会回归前文明的无组织暴力状态，而且痴迷于最原始的能量释放形式：火。

长期以来，历史学家一直在争论一个问题：伯明翰暴徒的骚乱究竟是一种自发的愤怒表达，即无领导、无组织，还是由局外人蓄意煽动的。有证据显示，这两种情况都存在。但是，无论最初的头目是谁，等到“教会和国王”运动的抗议者抵达费尔山时，人群的疯狂已经超出了最初的头目的控制。后来有报道称，暴徒把一个巨大的火刑架带到了费尔山，“他们说他们打算在那里用《人的权利》(*Rights of Man*) 来点火，并用一位反宪法的哲学家的著作的火焰来惩罚他”。[39]

普里斯特利夫妇撤到了威廉·拉塞子 (William Russell) 的肖维尔格林庄园。拉塞子是普里斯特利夫妇的一位密友，也是伯明翰一位杰出的商人。当他们在黑暗中穿行时，能看见礼拜堂的火焰在夏日的夜空中燃烧。拉塞子留下他的家人和普里斯特利夫妇，自己骑马朝伯明翰市中心赶去，但朋友们强迫他退到了费尔山。在费尔山，他见着了 20 岁的威廉·普里斯特利。威廉和几个仆人留在那里保护房屋，抢救最有价值的书籍和手稿。当暴徒抵达费尔山大门时，拉塞子敦促他们解散。有那么几分钟的时间，他的话似乎起到了抚慰效果，但没过多久，人群中就有人高喊：“用石头砸他，用石头砸他。”拉塞子和威廉被迫回到肖维尔格林，带回了“暴徒已经控制费尔山”这一令人担忧的消息。由于担心暴徒接下来会冒险赶到拉塞子的庄园，两个家庭在午夜时分动身去了一千米外的托马斯·霍克斯 (Thomas Hawkes) 的家。他们在庄园草坪上留了一桶啤酒，向暴徒示好。

一出小闹剧接着在费尔山发生了，因为暴徒显然没有能力放一场正好合适的火。他们的纵火技能无疑受到了杜松子酒和啤酒的损害，此外还受到了他们在普里斯特利的酒窖里发现的葡萄酒的损害。根据普里斯特利带着嘲笑色彩的描述，他们甚至试图从他过去在楼上的书房里逗孩子玩的那台发电机上获取火焰。但是，暴徒最终发现了普里斯特利的实验室，实验室的位置与主楼有一定距离，里面堆着大量燃烧工具。短短几个小时，费尔山就消失了。普里斯特利给月光社孩子表演魔幻灯展的书房、普里斯特利夫妇玩双陆棋的客厅、记录着普里斯特利数十年研究情况的数千页手稿、他投入很多感情建造的实验室，以及多年来他的伯明翰朋友为他制作的众多独一无二的工具，这一切都毁于这场大火（图 4-1）。

图 4-1　普里斯特利位于费尔山的家被烧现场

凌晨3点，拉塞子冒险去了费尔山，发现暴徒们分散在草坪上，大多数在闷燃的瓦砾中昏睡。他返回霍克斯家，通知他和普里斯特利的家人，回到肖维尔格林庄园可能是安全的。拉塞子的女儿后来回忆说：

> 于是，我们动身了。我永远不会忘记我再次进入家门时的喜悦……我们给普里斯特利夫妇准备了一个房间。我们发自内心地感恩，普里斯特利博士似乎是我们中最幸福的人。就在他要休息时，他对他可以再次安宁、舒适地躺下来表示感激。我的父亲从费尔山回来了，他带回的情报说，暴徒们又在聚集，他们的威胁比以前更加残暴，他们发誓要找到普里斯特利博士，并要他的命。[40]

随着黎明即将到来，骚乱的可能性越来越大，避难者们意识到，他们没有明确的撤退路线。他们最后决定彻底离开伯明翰郊区，前往差不多16千米之外的达德利郊区。他们在达德利待了一天，然后去了伍斯特，希望赶上去伦敦的邮政马车。但是，他们在乡村的黑暗中迷路了，在布里奇诺思和希思锻造厂（Heath Forge）之间的公共用地漫游了一个晚上。最后，他们和赖兰重逢，赖兰想把他的假发和斗篷给普里斯特利做伪装，普里斯特利谢绝了。到了7月18日上午，他们来到了斯特兰德的林赛牧师府邸。普里斯特利在伦敦偷偷生活了几个星期，在他自己的国家里流亡了。他不敢公开露面，就像富兰克林15年前那样。

在伯明翰，大火正在慢慢熄灭。在国王的要求下，3支龙骑兵部队已经于17日抵达那里，以镇压骚乱。很多人认为，政府反应不及时，有些可疑。等到骚乱结束，10 多栋房屋和教堂已经被暴徒夷为平地，其中包括拉塞子和赖兰的家。数十名暴徒丧生，其中包括在赖兰家丧生的 10 人，当酒窖的顶部起火坍塌时，他们被埋在里面，活活烧死了。

当普里斯特利的著作刺激他的同胞摧毁他的家和研究工具时，这位“世界上伟大的乐观主义者之一”的大脑里想到了什么呢？从表面来看，面对那种破坏和依然迫在眉睫的生命威胁，大家都说普里斯特利非常镇定。玛丽·拉塞子后来描述了他在那个黑暗的夜晚的举止：

> 当他听说暴徒们正在摧毁自己的房屋和实验室时，他表现得很无畏。实验室里有他全部珍贵、罕见的设备以及它们的成果，收集和使用它们曾经是他毕生的事业……他镇定、平静，迈着坚定却轻柔的步伐在路上踱来踱去。这表明他十分沉着，还表明一种完全的自我满足和意识，这使他在面对敌人不公正、残酷的迫害时变得坚定、逆来顺受……他没有显示出任何匆忙或不耐烦的表情，没有一个眼神表现出抱怨和不满，也没有流一滴泪或发出一声叹息。顺从、自觉的纯真和美德似乎抑制了人类所有的这些情感。[41]

然而，要想象普里斯特利在面对那样的暴行时保持着那种平静，似乎很难。他在“1791 年 7 月 14 日骚乱发生之后，致伯明翰居民的信”中采取了一种颇具挑衅性的腔调。他对“已故的镇民和邻居”一开始就做了无罪辩护，鉴于他在此前 10 年里沉溺于好战的言辞，这种辩护也许有些过于强烈。“我和你们一起生活了 11 年，”他写道，“其间，我默默地做着我的工作，进行着我的研究，这使你们对我的和善行为有了一致的认识，我根本没料到，你们最近居然对我和我的朋友造成了那样的伤害。”[42] 他毕竟是一位自然哲学家，接着很快就转到了核心的不公正问题上。这种不公正不是对他的生命、家人、家园的威胁，而是让他对自己的研究设备丧失了掌控权，他说：

> 你们已经毁掉了这个国家甚至所有国家的所有人可能拥有的最有价值、最有用的哲学仪器。在使用它们的过程中，我每年都要花大笔金钱，但我这么做不是出于任何与金钱相关的目的，而是为了科学的进步，为了我的国家和人类的利益。[43]

到了信的结尾，他回到了原初的“基督教价值观的腐败”这一核心见解，这一见解开启了他在费尔山 10 年的生活，也让他走上了引发伯明翰骚乱的道路。他写道：“我们受到基督教和善、宽容精神的熏陶，从没想过诉诸暴力。你们怎么可能认为，你们这样的行为表明你们的宗教原则优于我们的宗教原则？”

在玛丽·拉塞子描述的平静与普里斯特利信中煽动性的反驳之间，存在着矛盾。也许，普里斯特利在骚乱过去一段时间后写给一位朋友的信最能揭示他的内心状态，以及他的损失对他的情感造成的深刻影响。“如果你向你的任何一位实验室设备齐全的朋友提起我的情况，或向任何也许还有多余设备可以借给一位失去设备的哲学家的哲学家提起我的情况，”他写道，“我将感激不尽。”[44]

骚乱给英国社会造成了冲击，不过，当权派普遍采取了一种冷漠的态度，暗示普里斯特利和他那一类人是咎由自取。在国王发给龙骑兵的命令中，有着这样尖刻的话语：“如果普里斯特利是因为他和他那一伙人灌输的教义而受苦的，如果人们看清了他们的真面目，我会感到更加高兴。”关于那次晚宴，《泰晤士报》甚至刊登了一篇全是辱骂的报道，这篇报道错误地认为普里斯特利也参加了晚宴，还说他举杯向“放在托盘上的国王的头颅”敬酒。

其他人发出的声音则比较富有同情心。月光社无疑站在了普里斯特利一边，伊拉斯谟·达尔文称骚乱是“人类的耻辱”。不过，他们也的确善意地劝告他有些公开发表的观点不要那么激进，以保护他自己和他的朋友圈。英国各地的持异议教会表达了对他们精神和政治上的指引的支持。美国副总统约翰·亚当斯发来了表示支持的信件，把普里斯特利受到的迫害比作苏格拉底受到的迫害。最感人的声援也许来自英吉利海峡对岸，来自法国科学院发表的一份声明，这份声明可能是拉瓦锡本人撰写的。声明中写道：“作为一个公民，你属于英国，你应该向它追索你的损失，但作为一位学者和哲学家，你属于全世界。”他们以一种适当的姿态，提出帮助普里斯特利重建被摧毁的实验室：“我们……发誓让你重新拥有仪器，你在对我们的教导中有效地使用过它们……我们能为科学做出的最重要的贡献，难道不是把培养科学所必需的那些仪器交到他手中吗？”[45]

在月光社盟友的协助下，普里斯特利发起了一场漫长的战役，要求国家弥补他的损失。他安顿在哈克尼，在理查德·普赖斯的老教区担负起了牧师职责。普赖斯已于 1791 年 4 月去世，留下普里斯特利孤身一人，成了英国的头号公敌。他发现，“由于他的宗教和政治观点”，英国皇家学会的大多数成员不再搭理他。虽然如此，随着时间推移，他的生活貌似恢复了常态。他开始发表作品，进行他的星期天布道。但是，普里斯特利夫妇在英国再也找不到完整的家的感觉了。1792 年 8 月，法国立法议会授予普里斯特利荣誉公民身份，这使讽刺他的漫画、小册子再次涌现，它们指控他叛国。1793 年 10 月，小约瑟夫移民到了宾夕法尼亚。他捎信回来说，在费城西北 240 多千米的地方，萨斯奎汉纳河的两条支流之间，有一块很具潜力的安居地点。1794 年春天，普里斯特利夫妇搭乘“参孙号”前往美国。

在获悉普里斯特利离开的消息后，21 岁的塞缪尔·泰勒·柯尔律治（Samuel Taylor Coleridge）写下了下面的诗句：

> 瞧啊！普里斯特利在那里，爱国者、圣徒和贤哲！
> 他，年老多病之时，离开了他深爱的故土，
> 粘着血污的政客、崇拜偶像的牧师，
> 受徒劳的仇恨的驱使，
> 暗中煽动盲目的大众。
> 平静，怜悯，他退隐了，
> 期待在天假之年里冥想。

像创新者一样思考

THE INVENTION OF AIR

1. 普里斯特利知识生活的多条轨迹首次交汇，虽然不可否认地受科学主宰，但逐渐与宗教、政治价值观整合。在接下来的10年里，这3种路径将合并在一起，形成一条功能强大的公路，这条公路最终将驱使普里斯特利前往新世界。

2. 普里斯特利集政治思想家、信徒、科学家、激进分子于一身，奏出了知识的和弦。第一，普里斯特利个人的知识共享空间，它让来自不同学科的思想得以融合与提升；第二，月光社的信息网络及其类似的专业知识和兴趣多样性；第三，小团体资助经济，早期工业化资本积累使其成为可能；第四，是由能量储藏造成的议会冲突，这种能量储藏最初是在恐龙时代之前从太阳那里捕获的。

THE INVENTION OF AIR

5 体系中的彗星，理性与变革之光仍将闪耀

跨学科思维是普里斯特利的才智的标志，而新的开放性则有助于培养这种思维方式。信息理论、生态系统科学、进化论当属过去50年最有影响力、研究成果最丰硕的领域，它们所引发的探讨不可避免地对政治和信仰领域产生了影响，哪怕总统候选人通常试图避而不谈。

普里斯特利博士

1804 年 2 月 | 宾夕法尼亚州诺森伯兰

在靠近美国西北海岸时，“参孙号”遭遇了大雨和浓雾，但最终在 1794 年 6 月 1 日抵达了桑迪胡克。它在那里停靠了几天，等领航员引领它驶过纽约港的航道。6 月 4 日，普里斯特利的儿子小约瑟夫雇了一艘船来接他的父母，小心地把他们带回了巴特利（Battery）。尽管如此，普里斯特利抵达美国的消息还是很快传开了。到了第二天上午，众多名流赶来致敬，首先抵达的是克林顿（Clinton）州长。副总统亚当斯在普里斯特利抵达的前一天离开了纽约，但他留了一张便条，鼓励普里斯特利在波士顿安家，并保证普里斯特利会在那里受到欢迎。普里斯特利应该在哪里安家，这个问题引发了美国奠基者们内部小小的纷争。现在来读当时他们写的信，你会感到，那种纷争最终不过是一种更大纷争的前奏，即美国的知识中心应该设在哪里。

纽约的报纸刊登了声明，表示全市各个科学、宗教协会支持和欢迎普里斯特利。《美国每日广告报》（*American Daily Advertiser*）宣称：“约瑟夫 · 普里斯特利的名字将在所有开明的人心中长存……他在英国遭受的迫害已经向他表明，在他垂暮之年里，美利坚合众国将是一个安全、光荣的归隐之所。他把整个人生都奉献给了在各国传播知识和幸福的神圣职责。他现在抵达了这个城市，我们应该充分表达我们对他的尊敬和尊重。”[1]

普里斯特利给林赛写信说，美国的接待“太讨人喜欢了”。几个星期之后，普里斯特利夫妇搬到了费城，根据普里斯特利的描述，他们在那里受到了“所有重要人物讨人喜欢的关注”。他与华盛顿总统喝了几次茶，巩固了与医生兼政治理论家本杰明·拉什的友谊。就题材的多样性而言，拉什的写作生涯和普里斯特利的最为接近。由于富兰克林已经去世，拉什将成为普里斯特利眼里最“志趣相投”的美国人。普里斯特利在费城的出现促使天文学家戴维·里滕豪斯（David Rittenhouse）发表了一篇正式演讲，里滕豪斯是杰斐逊的知识导师之一、美国哲学学会（American Philosophical Society）的会长。自 1785 年以来，普里斯特利就是美国哲学协会的远程会员。普里斯特利抵达费城的消息传到了杰斐逊的耳朵里，杰斐逊当时身在蒙蒂塞洛，享受着第一次脱离政治生活的时光。他在给里滕豪斯的信中以嫉妒的口吻写道：“如果我有福图内特斯（Fortunatus）的如愿帽，能让我偶尔坐在你的火炉旁，拜访一下普里斯特利博士，我就满足了。他的著作表明，和他交谈肯定会受益匪浅，他的性格让人依恋、崇敬。”[2]

现在，在我们看来，普里斯特利的移民具有的庄严感也是恰如其分的。这不仅是因为他的个人成就，而且是因为他开创了美国经验中最值得骄傲的传统之一。他是第一位因为宗教和政治信仰在祖国遭迫害后流亡到美国避难的伟大科学家，爱因斯坦、爱德华·泰勒（Edward Teller）都将追随普里斯特利的脚步而来。

普里斯特利最初以他一贯的热情接受了在美国的避难，他以往就一直处在知识同仁的包围之中，并且足够令人惊奇的是，他们碰巧也是政治精英。“也许是总体自由的结果或别的某种原因，”他在 6 月份写给林赛的信中说，“我发现了很多聪明人，他们能够得体、流畅地谈论一切与政府相关的话题，比我在英国任何地方结识的人都更聪明。我已经见过很多参会归来的国会议员，无一例外，他们似乎都是能力一流的人。”[3]

在普里斯特利移民一个月后，他的故事似乎展现出一种几乎令人无法抗拒的情节，即受到迫害的科学家和牧师把旧世界令人压抑的旧事物抛到身后，来到一个新的共和国的政治家和学者之间寻求发展，并且他曾经在远方支持这个国家的创立。唉，虽然非常有趣，但故事并不十分简洁，因为它揭示了新国家的诞生之痛。普里斯特利也许曾希望逃离英国，回到他个人对自然哲学的追求上，但他将再次发现自己处在历史的主舞台上，只是这一次是在他的第二故乡。

急转直下与华丽转身

在房地产市场上的折损是首个让普里斯特利一家生活脱轨的转折。

小约瑟夫曾认为有一大片土地适合志趣相投的移民定居，结果它却没那么让人满意。到了 1794 年秋天，整个计划彻底泡汤了，这让普里斯特利深感不安。宾夕法尼亚大学给他提供了化学系系主任的职务，普里斯特利夫妇一度也曾考虑待在费城，但费城当时正在闹瘟疫，且人满为患，黄热病肆虐，几乎完全没有绿地。玛丽一向喜欢乡村生活甚于城市生活，并且她最近几年已经开始出现一些不祥的症状，其中包括咳血。于是，夫妻俩决定坚持他们原来的计划，到宾夕法尼亚中部的诺森伯兰定居，不过这一次的迁移规模不太大，仅有他们的孩子和在附近定居的一些朋友。这里面包括化学家和政治活动者托马斯·库珀（Thomas Cooper），他也已经于 1794 年从英国移民而来。普里斯特利夫妇第一次共同规划，他们把房子建在那座小镇外，占地 4.5 公顷。普里斯特利再次建起了他的实验室，修复了从费城来的路上被“欠考虑的包裹”损坏的易碎仪器。新生活让玛丽欢天喜地，她在寄往英国的信中写道：“碰到这样美好的环境，碰到这样一个宁静的隐居之所，我感到高兴，心怀感恩。”[4]

普里斯特利抱怨，低效的邮政系统正在给他的工作造成影响。在伦敦、伯明翰和利兹，信件几小时或几天就能送达。在英国，通过邮政与诚实的辉格党人或月光社沟通是一种类似于谈话的经历：你能够以快节奏制订计划、打趣、记下匆匆的观察，以及交换不够成熟的思想。但是，诺森伯兰和费城之间的信件往往一拖就是一个星期，寄一封信到伦敦至少需要花整整一个季节，这意味着与世界新闻的脱节，也意味着与人际关系的脱节。“我现在可以为一整套《纪事晨报》（*Morning*

Chronicle) 付出任何代价，”普里斯特利在给林赛的信中写道，“或者任何可以接受的英国旧报纸都行。我希望贝尔舍姆先生能给我寄剑桥的报纸，它们可以给我带来愉悦。费城的报纸上只有一些可怜的摘录。”[5] 普里斯特利以前有过一次与他的工具分离的遭遇，但在搬到诺森伯兰的过程中，他第一次感到与他的信息网络分离了，或至少发现它的传输率下降了一两个量级。他给亚当斯写了几封信，恳请亚当斯帮忙设立驶向诺森伯兰的定期公共马车。“我们能否拥有一辆马车……用来运载包裹、旅客、信件，它会给这个地区带来很大的便利和利益，并且相关投入很快就可以收回，”普里斯特利写道，“我们曾经谈过就此向立法机关请愿，你能否在这个问题上助我们一臂之力？对非常在意信件和小包裹运送的人而言，你会赐予他很大的恩惠。”[6]

如果说普里斯特利的自然哲学研究因为他与他以往的网络隔离而严重受阻，那么疾病造成的打击就更大了。第一次打击于 1795 年 12 月到来。当时，在发过一次烧后，小儿子哈里突然去世了。夫妻俩遭受沉重打击，接着玛丽的健康就恶化了。在那个冬天大多数时光里，他们在情感和身体上都试图从失去哈里的打击中恢复。2 月末，普里斯特利回到了费城。他在那里待了几个月，试图恢复每年都去大都市的习惯。在英国，这种习惯赋予了他很大的活力。在费城，他和威廉·罗素夫妇待在一起。在伯明翰骚乱期间，他们曾短暂保护过他。此前一年，经过一段迂回曲折、漫长的旅行，他们也移居到了美国。普里斯特利很快重返讲道坛，开始在伦巴第大街（Lombard Street）上的普救论教会（Universalist Church）布道。

普里斯特利首次布道时听众甚多，一批参加过美国独立战争的名人过来倾听富有传奇色彩的“炸药乔”的讲话。布道标题为“神圣启示录的证据”（Discourses on the Evidences of Divine Revelation）。亚当斯副总统也参加了，并且对夫人阿比盖尔·亚当斯（Abigail Adams）说，布道“博学，巧妙，有用”。[7]但是，在支持这样一个存在争议的人物方面，就连亚当斯也比较谨慎。他在写给阿比盖尔的信中写道：“布道内容会发表，他说要献给我。不过不要把这个秘密讲出来，因为别人还不知道。我担心这会让我背上持异议者的恶名，但我觉得，把一本书献给一个人并不意味着这个人就赞同它里面的一切。”[8]

随着时间流逝，这位著名激进分子的布道的新鲜感似乎逐渐消失了，在伦巴第大街上出现的人的数量开始下降。尤其是亚当斯，他对普里斯特利不再抱有幻想。有些学者认为，他们之间的逐渐疏远是由于政治上的实用主义，因为普里斯特利也许是那个时代最受争议的宗教人物，而亚当斯则在竞选总统。追随一位伟大的美国事业捍卫者是一回事，跟着一位认为现代基督教半数不过是一堆异教邪说的牧师则完全是另外一回事了。在这里，普里斯特利又一次处在了另外一项令人尊重但并不完全值得称道的美国传统的起点上：有抱负的政客会在竞选期间远离他们存在争议的宗教顾问。

然而，亚当斯之所以对普里斯特利产生反感，可能还有一个原因，那就是普里斯特利逐渐增加的千禧年倾向。在他们最后几次会面中，有一次两人一起共进早餐，亚当斯询问普里斯特利对法国恐怖统治的看法。[9]普里斯特利一向都很乐观，认为法国大革命“在世界上开启了一个新时代，呈现了千禧年的一种近景”。亚当斯觉得普里斯特利似乎对这样一种多变、未知的局面太过乐观，便要他解释他为何这么肯定法国的民主前景。普里斯特利的回答让亚当斯吃了一惊。“我的观点基于神的启示和预言，”普里斯特利解释说，“我认为神的启示讲的那只大野兽的 10 个角指的是欧洲 10 颗戴着王冠的头颅：法国国王被处决是那些角中的第一个的掉落，欧洲的其他 9 个君主将以同样的方式相继垮台。”[10]

关于他的千禧年思考，普里斯特利几乎没有发表过任何东西。通过解读《圣经·启示录》（简称《启示录》）来做政治预言似乎只是他的私下爱好，他的朋友经常为此责备他。法国大革命史诗般的爆发以及普里斯特利在宾夕法尼亚荒野的流亡，似乎加剧了这些思考。于是，在他最后的岁月里，这位理性基督教的伟大信仰者会花一些时间，来琢磨那只大野兽的角。虽然普里斯特利致力于除去神秘主义的所有暗示，但同时又愉快地以《启示录》的幻觉为基础，来诠释同时代的政治事件，亚当斯对这种表面的矛盾感到困惑。普里斯特利在早餐中的古怪行为也许会让亚当斯丧失一些对他的尊敬，但在数年后，他天启式的沉思会间接地让他获益，有助于保护他的自由遭受潜在的威胁，这种威胁几乎和伯明翰骚乱一样严重。

在重返政治论战的中心舞台之前，普里斯特利遭受了个人生活上的悲剧。1796 年年中，当他从费城返回时，他发现玛丽的身体状况已经大大恶化了。到了9月，她就去世了。与失去妻子相比，他与月光社社员在知识上的隔离根本不算什么。“哈里的去世对她影响很大，我也几乎一直难以释怀，哪怕他已经去世快9个月了。但是，这次打击对我要沉重得多，”他在一封信中写道，“那是一种幸福的结合，我们在一起度过了30多年。在这期间，我不用为任何东西费神，因而没有任何焦虑，能够把所有时间用于自己的追求。我总是说，我不过是住在她的房屋里的一个房客。”玛丽的死之所以让他感到如此痛苦，在一定程度上是因为她热爱诺森伯兰的生活，那里的任何一位定居者都无法与之相比。“她在规划我们的新居的过程中获得了很多乐趣，”他悲伤地写道，“现在家园建造正在加速进行，她曾经希望的一切都有望成为现实，她却去了另外一个世界。”[11] 在玛丽去世几个月后，在写给她的哥哥约翰·威尔金森的信中，他写道：“我们总是很有家庭氛围，我的妻子陪着我阅读和写作，我则经常为她阅读，我无时无刻不在思念她。”[12]

地平线正变得宁静

随着玛丽的去世，普里斯特利的一个长期存在的梦想也破灭了：诺森伯兰将不会有大型定居点，萨斯奎汉纳也不会有月光社。实际上，几乎没人陪伴他。他的身体太虚弱，再也搬不了家了。由于玛丽的去世，他需要依靠小约瑟夫的照料。小约瑟夫已经开始过上农民的平淡生活。普里斯特利曾经希望他过去的学生本杰明·沃恩或罗素夫妇在诺森伯兰定居，但沃恩最终去了缅因州，罗素夫妇则对他的乡村生活方式大为吃惊。托马斯·罗素写道，“与他们以前住过的房屋相比”，他的房屋“不过是一座茅舍”。[13] 孤独地生活在树林里，与文明和世界隔离，普里斯特利甚至半真半假地提出了再次移居的计划。这次他要去法国，但根本无法实施。

然而，正如普里斯特利抵达美国的愉悦转瞬即逝那样，1797 年的忧郁也终将过去。这在一定程度上是因为，在普里斯特利人生中这个多少有些动荡的时期里，一种无疑是积极的变化出现了。他与托马斯·杰斐逊成了密友。

在蒙蒂塞洛度过 4 年不问政治的生活后，杰斐逊于 1798 年 3 月 2 日返回了费城。他在返回的那个星期忙忙碌碌。在他抵达第二天，他就受命为美国哲学学会会长。他的前任是戴维·里滕豪斯，已经于数月前去世。3 月 4 日，杰斐逊宣誓就任美国副总统，担任约翰·亚当斯的副手。普里斯特利那年春天就在费城，由于他与亚当斯的关系趋于紧张，他开始花大量时间与新任副总统交往。

这 3 个人的私人关系中这一小小的看似私下发生的变化，即一段友谊生成，另一段友谊消失，最终对美国早期的政治产生了重要影响。杰斐逊、亚当斯、普里斯特利之间复杂的动态变化将持续 20 余年，在普里斯特利去世后还持续了 10 多年。

1798 年，在杰斐逊和亚当斯之间做出选择，实际上是在两大新兴政党之间做出选择。杰斐逊和亚当斯分别与这两个政党之一有关联：民主共和党重视农业，以杰斐逊和麦迪逊（James Madison）为首，反对中央集权式的政治和经济权力；联邦党重视城市，主张中央集权，以亚历山大·汉密尔顿（Alexander Hamilton）为首，并在一定程度上断断续续地由亚当斯领导。考虑到当时的地缘政治，这也是在法国和英国之间的选择。杰斐逊和他的政党仍痴迷于法国大革命，汉密尔顿则与伦敦的经济势力结盟。

这种选边站也产生了一种更深远的影响，只是这种影响再也不适用于我们的现代政治世界了。1798 年，与其中一个政党保持一致意味着支持它的整体观念，在当时的美国政坛，这是一种崭新的残酷变化。在此之前，在华盛顿就任的两位美国总统维持着表面上统一的阵线。亚当斯长期抵制这种思想，即敌对的政党是一种不可避免的发展趋势。他写道，“作为我们宪法之下的最大政治邪恶”，它们“令人恐惧”。在抵达美国后不久的私人通信中，普里斯特利本人已经就政治派别的出现发出过警告。但是，到了 1798 年，也许是因为与亚当斯失和让他感到被轻视了，于是普里斯特利坚定地站在了民主共和党一边。在杰斐逊抵达费城几个星期前，普里斯特利撰写了自“伯明翰书信”（即伯明翰骚乱后，他写的“致伯明翰居民的信”）以来的首篇公开政论，并将其发表在支持杰斐逊的费城报纸《曙光女神》（*Aurora*）上。他在文中反对为了和法国作战而创建国家海军和陆军，因为在发展的脆弱阶段，美国最好不要参与代价高昂的海外战争。他一如既往地认为，战争资金最好用在图书馆和实验室上，“这个国家所有的大学和学院都令人尴尬地缺乏这些东西”。如果美国当局看到使其学校拥有技术的好处，那么英国和法国将会对美国的空气泵感到恐惧。

普里斯特利的《政治算术格言》(*Maxims on Political Arithmetic*) 是匿名出版的，但消息很快就传开了，说“炸药乔”已经开始在联邦党下面埋炸药。在《诺森伯兰报》(*Northumberland Gazette*) 上，普里斯特利在诺森伯兰的邻居托马斯·库珀开始发表文章，对联邦党发动更加尖锐的攻击。这家报纸是库珀主编的，在宾夕法尼亚荒野建立了民主共和党的一个堡垒。普里斯特利给唯一神教派牧师、国会议员乔治·撒切尔（George Thatcher）写了一封长信，痛批亚当斯，称亚当斯叫嚣与法国开战的做法“缺乏政治家风范”。没过多久，普里斯特利就成了当时一些漫画家和小册子作者喜欢攻击的目标，他们中为首的是英国移民威廉·科贝特（William Cobbett）。自普里斯特利于 1794 年抵达美国以来，科贝特就一直在用笔名彼得·波库派恩（Peter Porcupine）发表长篇文章，攻击普里斯特利。科贝特写道，普里斯特利来美国的目标很明确，“就是破坏人民与他们的政府之间的团结……引入法国无政府状态的祸水”。

1798 年夏天，由于美国紧张局势加剧，亚当斯签署了臭名昭著的《客籍法和惩治叛乱法》(*Alien and Sedition Acts*)，授权各州驱逐任何“威胁美国和平与安全”的非美国公民，逮捕所有发表针对政府的“虚假、诽谤、恶意的著作”的人，这造成了这个新生国家的第一次宪法危机。时任副总统杰斐逊宣称，如果这一法案签署生效，那么政府就将

“变得比英国政府更专制，吞噬更多的公众自由”。在法案的反对者看来，美国的整个民主实验似乎都在面临危险。面对这一对其核心价值观的挑战，仍旧处在婴儿期的美国宪法能挺过去吗？《客籍法和惩治叛乱法》难道是一种不可避免的演化的第一步，将会把年轻的共和国变成独裁国家，重走大西洋对岸法国的凄惨老路吗？

由于担心自己受到新法律的影响，普里斯特利给撒切尔写信，敦促他不要泄露他们通信的内容。但是，普里斯特利很快就听到风声，说他对亚当斯的批评在费城已经众所周知，其中一些细节似乎出自他与撒切尔的通信。他在给撒切尔的回信中写道：

> 除了你，我没有给费城的任何人写过信，我也确信你不会有意将我置于危险境地。然而，我会小心，不再寄任何信件，以免遭遇不测。我发现我受到了一个人的摆布，如果愿意，那么这个人甚至不用审理我，不用预先警告我，就可以囚禁我或把我赶出这个国家。这不是一种让人高兴的状况。

情况将变得更糟糕。普里斯特利不知道的是，在《客籍法和惩治叛乱法》通过的几个星期前，一包写给普里斯特利的信在荷兰的一艘护卫舰上被缴获，并被泄露给了英国媒体。写信的人是约翰·赫福德·斯通（John Hurford Stone）。斯通是英国激进分子，普里斯特利曾在普赖斯于哈克尼举办的集会上见过他。那些信件称普里斯特利是法国的坚定支持者，并狂妄地谈及了法国想入侵英国以完成它将自由的光辉带给全欧洲的计划。斯通暗示普里斯特利有移居到法国的打算，并对约翰·亚当斯的领导能力表示了轻蔑。这完全是自说自话，但读了这些信件，人们难免会认为，斯通觉得自己是在给一个朋友写信，而这位朋友对巴黎的督政府极度忠诚。

8 月 20 日，威廉·科贝特完整地发表了那些信件，同时配发了严厉的社论和“普里斯特利被发现”这一通栏标题。那篇社论对亚当斯发出直接挑战：“如果这些信件没有被政府察觉，那么它就会让政府的敌人受到极大鼓舞。他们会理直气壮地说，虽然总统拥有权力，但他害怕行使它，所谓的《客籍法和惩治叛乱法》不过是一种摆设。”

喧嚣继之而来，这让普里斯特利大为震惊。“我被认为是一个法国公民，”他在写给一位英国友人的信中写道，“我无法用语言来描述他们对任何与法国有关的事情以及所谓的法国原则的愤怒，它甚至比你感受到的更加强烈。这与我到这里以来一直期盼的东西相去甚远。”他一连几个月保持沉默，希望通过退出公共领域来平息人们对他的愤怒。在这里，他也许从伯明翰骚乱后立即发表对抗性公开声明中吸取了教训，因为那只会火上浇油。但是，到了新的一年，在给撒切尔写信时，他对政府侵犯公民自由权的愤怒比以往任何时候都更加强烈。“在我看来，很显然，”他写道，“你们已经违反了你们宪法的几项基本条款，这样做下去，你们也许会让它的整个目标落空。”在传播自然哲学的启迪中，那种天生的开放性曾经帮了他的大忙。如今，这种开放性则有可能让他被监禁或遭到驱逐。但是，他太老了，已经本性难移。他说：

我写得这么坦率也许是个错误，我也曾经希望自己在给你写信时小心行事。但是，我没有保密和谨慎的习惯，我现在也无法采用一种新的行为方式。在这个国家里，关于政治，我只给你写过信，我也想不起我写过什么了。但是，我不在乎谁看见我写的东西或知道我对任何主题的想法。如果你愿意，可以把我所有的信件拿给亚当斯先生本人看。[14]

托马斯·库珀也开始更加公开地与当局作对。从 1799 年年初开始，他在《诺森伯兰报》上发表了一系列激烈的社论。鉴于他们与世隔绝的状况，这些社论中的大多数无疑出自他和普里斯特利的谈话。这些文章中的最后一篇发表于 6 月份，文中历数了反对亚当斯总统滥用权力的理由："我不由得想，在过去这几年里，这个国家采取了一些措施，惩罚了持某些见解的人。这显然是要把宪法规定的行政部门的权力扩大到极点，引入我们所拒绝的欧洲政府犯下的政治罪恶。"[15] 一言以蔽之，亚当斯的政策正是"一个倾向于专制统治的领导人也许希望推行的"政策。

库珀的文章在费城《曙光女神》上二次发表，并通过传单广泛流传。据说，普里斯特利协助散发了这些传单。对国务卿托马斯·皮克林（Thomas Pickering）来说，这让他忍无可忍。皮克林向亚当斯提出，普里斯特利和库珀显然违反了《客籍法和惩治叛乱法》。关于普里斯特利，皮克林写道："最严重的是，他参与了库珀的演讲传单的印制和散发，这也证明博士不讲行为准则。作为一个外国人，即使是在地球上最自由的政府的统治下，他不满、激烈的精神也不会安静下来。”他有些沮丧地指出，库珀已经加入了美国国籍：“我对此感到遗憾，因为那些想保持我们内部安宁的人肯定希望他们两个被逐出美国。”亚当斯同意皮克林对库珀文章的看法，他说：“更卑鄙、更狡猾或更恶毒的中伤还没有出现，只要它暗指我，我就会鄙视它。但是，我毫不怀疑，这是对整个政府的中伤，并且这样的行为应该被起诉。”[16]那一年晚些时候，库珀真的遭到逮捕，并且成了《客籍法和惩治叛乱法》之下被成功起诉的10个人之一。

然而，普里斯特利的问题要复杂得多。4年前，在伯明翰骚乱毫无意义的极端情况发生后，亚当斯给普里斯特利寄了一封信，把后者比作苏格拉底，比作那个被考虑不周的政府处决、有着大智慧的人。两年前，在普里斯特利抵达美国后做的最初几次布道中，亚当斯曾经坐在前排，认真聆听。他们相识已经10多年了。然而，现在作为这个国家的客人，普里斯特利在写给他自己党派的成员的信中蔑视亚当斯，支持库珀那样的激进分子。库珀称亚当斯是专制统治者，和欧洲的君主没什么两样。被窃取的斯通的信件已经强烈暗示，普里斯特利正在和美国的敌人勾结。虽然谈到过政治派别的危险，但普里斯特利现在已经公开和杰斐逊、反对党民主共和党结盟。皮克林如今想驱逐他，或者至少想对他施以压力。亚当斯要做的决定处在伟大的个人和重大的历史的交叉点上：一方面，是一个人选择是否把法律的全部威力施加到他以前的朋友身上；另一方面，是一个年轻的国家纠结如何对待它的知识界中的持异议者。是要宽容他们，甚至保护他们，还是让他们闭嘴？法国人已经清楚地表明，他们的革命把他们带到了哪里：5 年前，在恐怖统治期间，拉瓦锡被处决了。难道美国也要以同样的方式，对待普里斯特利吗？

亚当斯有着磨不开面子的名声，但在这个不平常的实例中，面对无法否认的个人背叛以及至少公开通敌的指控，他采取了另外一种方式，他选择了视而不见。

8 月 16 日，在一封写给皮克林的信中，亚当斯明确表示要宽恕普里斯特利："我认为现在对普里斯特利执行《客籍法和惩治叛乱法》是不明智的。他现在身体像水一样虚弱，情绪像风那样变化无常。他的影响力微不足道。"[17] 他的话语虽然很简单，但套用惠特曼的话说，它们包含了多重含义。如今，在我们看来，这些话的含义令人捉摸不透，因为它们在关于亚当斯的两个关键问题上捉弄了我们：一个问题是他对普里斯特利的真实情感，而这直接把我们引向了另外一个更重要的问题，即他对《客籍法和惩治叛乱法》的真实感受。亚当斯作为总统的历史地位在很大程度上要视他与《客籍法和惩治叛乱法》的关系而定。现在几乎所有人都同意杰斐逊的看法：出台这样的法律是个错误。但问题是：这是亚当斯自愿犯的一个错误，还是他迫于政党间激烈的矛盾和战争的威胁，不得已而犯的错误？

亚当斯写给皮克林的话的字面含义非常清晰：普里斯特利是一个糊涂的老人，痴迷于那只野兽的 10 个角，并且在地理上与美国、欧洲的权力中心隔绝。在这样虚弱的状况下，他不会对美国构成威胁。但是，亚当斯真的认为他的老朋友是这样的吗？普里斯特利在早餐时的古怪声明显然给亚当斯留下了深刻印象，20 年后，他仍将写下普里斯特利对《启示录》的观点。这段经历可能让亚当斯觉得普里斯特利反复无常，但这仍不足以证明这样的说法，即普里斯特利影响力有限。普里斯特利显然在支持库珀，而库珀能直接利用《曙光女神》来扩大自己的影响。此外，普里斯特利是美国最著名的知识分子之一。在美国，随着里滕豪斯去世，普里斯特利在科学成就上已经无人能及；而作为一个神学家，至少根据他的事业在国际上的影响力来衡量，他也罕有敌手。最重要的是，他能影响副总统。把所有这些因素放在影响力的天平上加以衡量，我们完全有理由认为，它们绝非“微不足道”。

那么，亚当斯为什么要让普里斯特利听起来比他的实际情况虚弱呢？就像亚当斯本人后来在写给杰斐逊的信中所暗示的那样，一个可能的答案是：他签署《客籍法和惩治叛乱法》不过是为了摆出一种妥协的姿态，但并不打算完全实施它。他的计划是先签署，然后有选择地削弱它。他是要追查真正的间谍，而非忠诚的反对派。小约瑟夫·普里斯特利后来说，在 8 月 16 日寄信给皮克林后，亚当斯私下给普里斯特利传递了一个信息，说“他希望普里斯特利莫谈政治，免得让他左右为难”。亚当斯清晰地表明，“在法律通过时”，普里斯特利是“目标人物之一”，这让亚当斯意识到，他的党派里的激进派不理解普里斯特利的“真实性格和性情”。

另外一个可能答案是，由于他们当时的关系，亚当斯对普里斯特利本人有一种负罪感，但与此同时又完全乐于用新法律来打压普里斯特利。对库珀和普里斯特利的区别对待让这种推测似乎显得更加真实。库珀是个辩论家，比普里斯特利鲁莽得多，但他显然不是间谍，亚当斯却十分愿意把他送去监禁 6 个月。如果诺森伯兰的那位著名的激进神学家的威胁不足以达到起诉标准，亚当斯又何苦监禁他的代理人呢？

无论真正的动机是什么，亚当斯都使普里斯特利避免了在他的第二故乡成为政治犯的痛苦。也许是受到亚当斯暗示普里斯特利的敌人不理解他的“真实性格”的启发，普里斯特利开始写作，对他的美国批评者进行全面回应。他最终写成了《致诺森伯兰及其邻近地区居民的信》(*Letters to the Inhabitants of Northumberland and Its Neighborhood*)，这将成为他著述颇丰的人生中最后一部重要著作。它于1799年年末出版，分成两大部分：一部分是一份长长的清单，上面开列了所有针对普里斯特利的指控，比如他在宗教上的非正统性、他对法国的支持、那些被偷窃的信件、库珀的传单；另一部分是一系列涉及当时的政治和宪法问题的随笔。书中最热情洋溢的部分传达了普里斯特利长期以来对殖民地反英斗争的支持，暗示了他与富兰克林美好的友谊与合作。在一定程度上，它总结了他过去 30 年的政治旅程，一直追溯到伦敦咖啡厅和诚实的辉格党人，以及他们共同怀有的大西洋对岸将产生一种开明自由的新形式的梦想。在以这种方式讲述他的人生故事的过程中，普里斯特利反驳了批评者的本土主义言论。普里斯特利和库珀这样的移民根本不是叛国者或间谍，他们是为了寻求新大陆承诺的自由而自愿来到美国的，是真心想看到这个新国家践行它的创建原则的。他写道：

> 我们中有很多人之所以逃离欧洲，是因为那里的一些政府准则和程序。我们在那里受到谴责，被称作与政府作对的人，因为为了支持这里的自由，我们做了英国法院永远也不会原谅的事情。然而，我们发现，美国有着同样的政府准则和程序。这让我们非常失望，尤其是我们现在回不去了。假如没有我与支持美国自由的伟大英国友人普赖斯博士和雷恩（Wren）博士热忱地为你们的囚犯奔走呼号，那么他们肯定会挨饿。我们还以各种安全的方式，尽可能地为你们的事业服务，因为我们认为，那是自由和正义的事业，是反对专制和压迫的事业。我敢说，假如美国的这些热忱、积极且公正的朋友还活着，他们恐怕会和我一样，在这里受到冷遇。假如他们看到，很多原来的保守派、你们革命公开的敌人比他们更受欢迎，他们肯定会吃惊地举起手来。[18]

正如"伯明翰书信"的情况那样，虽然普里斯特利向他的诺森伯兰邻居发出了呼吁，但基本没有平息恶意的批评者的攻击。但是，民主共和党的众多支持者认为，《致诺森伯兰及其邻近地区居民的信》是记录在案的最鼓舞人心、最具说服力的对亚当斯当局的控诉。杰斐逊给他的10多个朋友发了它的副本，他还在写给普里斯特利的回信中写道，那些随笔和库珀的随笔是"送给我们的最珍贵的礼物……你不会从我们国家的豪猪那里得到感谢，但我们国家的大众会受到启发并感谢你"。[19]他毫不掩饰内心对亚当斯的不满，还巧妙地提到了很多人都发现的亚当斯的君主制倾向："狂热主义和君主制煽动了对你的迫害，甚至在这里也是如此，对此我深感懊恼、痛苦！"

诺森伯兰的动荡岁月终将过去。1801 年 3 月 3 日，托马斯·杰斐逊宣誓成为美国第三任总统。几个星期后，在普里斯特利大病初愈的消息的鼓舞下，杰斐逊坐下来，给他在诺森伯兰的朋友写了一封信。事实证明，在杰斐逊大量的信件档案中，这将是最重要的信件之一。在信中，杰斐逊非但没有疏远这个不拘一格的牧师，反而在拥抱他。那封信以一段特别的向普里斯特利本人致敬的文字开头：

> 直到昨天，我才获悉你……曾经病得很严重，但已经康复了，我由衷地为你感到高兴。你的生命是人类为数不多的宝贵生命之一，每个有思想的人都非常牵挂它的延续。[20]

在这些开头的致敬后，杰斐逊马上笔锋一转，开始攻击前任政府的职权滥用以及普里斯特利所遭遇的舆论风暴：

> 我亲爱的在政治和宗教上固执的先生，我们付出的是怎样一种努力呀！那些野蛮人真是自命不凡，觉得他们能够把我们带回蓄意破坏的时代，让人们无知地把一切都交给权力和权谋之手。所有科学进步都作为创新而遭到禁止。他们假装赞美并鼓励教育，但那种教育是我们祖先的教育。为了进步，我们被要求向后看，而不是向前看。总统本人在他对那些演讲的回应中宣称，在

> 真正的科学上，我们永远也别想超越他们。这就是所有针对你的攻击的真实理由。

“所有科学进步都作为创新而遭到禁止。”杰斐逊在这里使用的是“创新”一词比较陈旧、负面的含义，意思是以一种有害的方式威胁到现存秩序的发展。这个词的含义在下个世纪的变化是社会转向进步关系的一把标尺。但是，那个倒退的时代现在结束了，普里斯特利这个一代人中最具前瞻性的人可以像在自己家中一样自在了。杰斐逊写道：

> 我们的国人已经从艺术和工业给他们造成的恐慌中恢复过来，科学和诚实被重新放置到了他们的高地上。至于你，我亲爱的先生，作为它们的伟大倡导者，你处在它的最顶端。在我履行公职的第一时间，可以欢迎你到我们的土地上来，向你致以尊敬和敬意，能够把你置于那些为像你一样智慧、善良的人而制定的法律的保护之下，摈弃那种在一段时间内曾被置于它们之中的诽谤性法律的合法性，对此我由衷地感到满意。

也许是受到了普里斯特利本人具有传奇色彩的乐观主义的鼓舞，杰斐逊接着增加了一段他所书写过的最令人激动和充满希望的话语：

> 由于现在风暴已经平息，地平线变得宁静，因此是时候专注地思考现状了。我们再也不能说，太阳底下无新事了，因为人类历史上这整整一章都是新的。我们的共和国在很大程度上是新的，

> 那些人烟稀疏的聚居地是新的，在它上面滚动的舆论是新的。但是，最令人欣喜的新事是，风暴大体上平息了，回到了它的真实水平。在摆脱妄想的过程中，秩序和理智得以展示。在近期出现的那场重大危机中，我们民族的铮铮风骨真正体现出来了，而这也预示着我们的共和国将长盛不衰。与它接受检验之前相比，我现在对它的稳固性更满意了。

这是一位开明的理性主义者眼里的政治。美国的实验的确是一种实验，就像普里斯特利在费尔山实验室就复杂的混合物所做的实验那样。那是一套因与果、检测与平衡的系统，只能通过用活的物体做实验，才能真正检验成果。政治秩序之所以受到赞美，不是因为它拥有法律的力量、神圣的权利或支撑它的军队。它的力量来自它的内部平衡，来自它的动态平衡，来自它制止、压制破坏它的平衡的行为的能力。

杰斐逊就职后的书信清晰地表明他与普里斯特利之间的相互影响有多深。普里斯特利给杰斐逊展示了一条走出他的宗教困境的道路，为他的基督教信仰提供了知识基础；在《客籍法和惩治叛乱法》引发争议的时期，普里斯特利冒着巨大风险，为民主共和党的价值观撰写了最激励人心的辩护词。在未来的岁月里，普里斯特利将帮助杰斐逊为新的大学设计课程，而这将成为杰斐逊的知识遗产的重要组成部分，并使普里斯特利重新燃起他最初的教育改革热情。反过来，杰斐逊曾经是普里斯特利在亚当斯当政时的拥护者，现在又作为美国总统，给他提供了“为像你一样智慧、善良的人而制定的法律的保护”。

杰斐逊的信让普里斯特利深受感动。普里斯特利把其中一些信又寄给了林赛，还写了这样的评语："我在我即将年满 70 的人生中第一次发现我喜爱我生活于其中的这个国家的统治者，我希望自己能在同样愉快的情况下死去。"[21] 他已经失去了玛丽的陪伴，失去了诚实的辉格党人和月光社同仁的友谊。但是，苦尽甘来，他终于找到了一个他可以在其下平静生活的政府。

在新当局执政的最初几年里，普里斯特利和杰斐逊经常通信。普里斯特利发表了一些散乱的科学论文，其中一些仍旧高举着他的燃素理论火炬。他还会把它们送到蒙蒂塞洛和华盛顿，以确保"杰斐逊不会因政治事务而忘记应给予科学的东西"。杰斐逊敦促普里斯特利迁移到气候比较宜人的弗吉尼亚，他说："你选择我们的国家作为你的避难所是它的荣幸，不过让我感到痛惜的是，你没有为了你的幸福和健康而选择最适宜的气候。"[22] 就如何让弗吉尼亚大学的课程尽可能新颖，他们交换了看法，一如既往的是"为了进步，向前看，而不是向后看"。

一颗流星，一道燃烧、闪亮的光

虽然健康状况一日不如一日，但直到生命尽头，普里斯特利依然著述不辍。但是，到了 1804 年年初，长期患有消化不良的他突然变得更加虚弱。"更糟糕的是，我无法工作了。"他在 2 月 2 日的日记中写道。3 天后，预感到大限将至，他要求他的孙辈都到他身边来。"我也和你们一样，要去睡觉了，”他对他们说，“因为死亡只是一次坟墓里的长期酣睡，我们还会再次相见的。”第二天早上，就一批计划出版的小册子，他给库珀和他的儿子小约瑟夫口授了一些修订意见。在他们给他复述那些意见时，他点头表示同意：“没错，我现在已经做完了。”40分钟后，他去世了。

在去世之前几天，普里斯特利给一个朋友写了一封信，提出了最后的请求。“告诉杰斐逊先生，”他写道，“在他卓越的政府下生活了那么久，我觉得我是快乐的，并为可能死在他执政期间而高兴。我相信，它是地球上最好的政府，但我希望它能更加卓越。”[23]

普里斯特利被安葬在了诺森伯兰的贵格会公墓。在他去世的消息慢慢在世界上传播开来后，很多人发来了悼词。美国哲学学会在费城举办了一场追悼会。伯明翰新礼拜堂在10多年前毁于骚乱的那座礼拜堂的废墟上重建而成，它的信众穿了两个月丧服。在利兹的米尔山小教堂的讲坛上，他的继任者称他是一道“燃烧、闪亮的光”。

然而，在未来的几十年里，普里斯特利标新立异的信仰和跨学科的思维将损害他的声望。19世纪的科学注重专门化和职业化，他成了牺牲品。严肃科学成了专家和行家的领域，而非涉猎者和业余爱好者的领域。**按照新的共识，开创性研究要求科学家独立于政治或信仰的外部世界，而不是寻求与它们发生联系。**普里斯特利去世之前几天，在伦敦《泰晤士报》刊载的一篇刻薄、简短的文章中，就有人对他发动了第一拨攻击："普里斯特利博士的健康据说已经逐渐恶化，而他的声望则早就恶化了。他离开英国去往美国寻求自由，但由于他的愚蠢，他已经遭到美国人的耻笑。这很自然，也是他在行将就木时应得的报应。作为基督教牧师和哲学家，他离开了宗教和科学的大道，走上了政治的邪路。"[24] 数年后，在《爱丁堡评论》（*Edinburgh Review*）中，出现了更具实质内容的攻击。那是一篇对普里斯特利的回忆录所做的长篇评价的一部分。他的回忆录已于 1805 年由托马斯·库珀出版，还附有一些对他过于理想化的评注。这篇评论斥责普里斯特利涉足政治，并对他的科学方法进行了直接攻击：

> 他在设计仪器上贡献很大。他的仪器简单、精妙，某种程度上是前所未有的……然而，事实上，他总是太痴迷于做实验，以至于没有时间以哲学的精确提前设计它们，也没有事后把它们的结果总结成系统的结论……他似乎已经完全忘记培根无比宝贵的箴言：实验不要太多，但要有决定性；在实验之前，要有某些有限的假说或猜想……如果没有这些先决条件……那么无论实验次数有多少，实验做得有多好，做实验也只会是在黑暗中摸索，几乎永远不能通向有价值或肯定的结论。普里斯特利博士的实验大多完全符合这种描述。它们没有包含多少哲学，就像扫过天空的彗星。[25]

法国伟大的博物学家乔治·居维叶（Georges Cuvier）写了一篇言辞慷慨的悼文，但也指出了同样的缺陷。与此同时，他还提到普里斯特利顽固地拒绝放弃燃素说。“他是现代化学之父，”居维叶写道，“却从未承认他的女儿。”[26] 居维叶这段话很有名。在撰写于 19 世纪、与启蒙科学相关的正式记录中，有很多都难以理解普里斯特利古怪的事业。《英国人物传记辞典》（*Dictionary of National Biography*）中的普里斯特利词条将他的研究描述为“往往浅尝辄止”。

然而，随着时间流逝，对普里斯特利的评价开始转变。这在一定程度上是由于 20 世纪后半叶环境科学的兴起。1922 年，美国化学学会（American Chemical Society）设立了普里斯特利奖章，以奖励“在化学领域做出的突出贡献”。他在利兹、伯明翰、诺森伯兰的塑像和纪念匾标志着他人生的重要里程碑。虽然没有纪念碑记录伦敦咖啡厅的位置，但这里曾催生了启蒙时代的众多灵感。20 世纪 90 年代，他分离出氧气的位于博伍德别墅的实验室成了美国化学学会命名的首批化学里程碑之一。

然而，更重要的是，普里斯特利赋予他的知识探索的价值观从来没有像今天这样必要。他与诚实的辉格党人和月光社共同培育了信息网络，这种开放的信息网络的必要性与他科学出版物的大众风格，已经成了互联网时代的典型特征。这在一定程度上是因为在一个关键方面，信息流动和能量流动是不同的：**能量的供应是有限的，这意味着开发能量肯定是一种零和游戏。**18 世纪在蒸汽机里燃烧石炭纪的燃料，21 世纪的地下燃料就变少了。但是，信息的传播却不必付出相同的代价，尤其是在全球网络时代。一种思想在传播的过程中，它的作用并不会随着它的传播而减弱。多数情况下，相反的一面发生了：那种思想会得到改进，因为正如富兰克林所说，它的传播吸引了“天才的注意”。杰斐逊也看到了同样的现象，将其解释成自然理性体系的另一部分，他在1813年的一封探讨专利纠纷的信中写道：“为了人类的道德教育和相互教育，为了人类状况的改善，那些思想应该在全球自由传播，从一个人传到另一个人。自然创造了它们，出于仁慈而专门设计了它们。它们像火，在天地间蔓延，任何地方都无法降低它们的强度。它们也像空气，我们在其中呼吸、移动、拥有我们的肉体，它们无法被幽闭或独占。”[27]

跨学科思维是普里斯特利的才智的标志，而新的开放性则有助于培养这种思维方式。信息理论、生态系统科学、进化论当属过去50年最有影响力、研究成果最丰硕的领域，它们所引发的探讨不可避免地对政治和信仰领域产生了影响，哪怕总统候选人通常试图避而不谈。如果是普里斯特利，他马上就会明白，在今天的社会和政治事件中，众多发现何以缠绕在一起，包括全球变暖、干细胞研究、智慧设计、神经科学、原子能，以及基因革命。至于计算机科学以互联网形式造成的社会混乱，就不用提了。如果不透彻理解科学，就去构建现代世界的一种核心理论，会让普里斯特利觉得是最大的丑闻之一。

不可否认，科学不断升高的顶峰意味着专门化是一种不可避免的现实，因为经过两个世纪的实验性研究，事实已经比普里斯特利的时代复杂得多了。业余化学家再也不可能在他们的家庭实验室里发现新元素，而这本身就是进步的标志。此外，关于普里斯特利的方法的局限性，19 世纪对他持批评态度的人的观点也是合情合理的，因为这种观点是用拉瓦锡更系统的方法来界定现代化学的新范式的。然而，如果我们在这里止步，就会错过普里斯特利给他研究的诸多领域做出的独特贡献。那种天生的流动的具有联系性的智慧并不特别适用于界定一种新的科学范式的细则，但它非常适合打破常规，推动那一领域进入革新状态。一些人物之所以伟大，是因为他们把一个被炸掉的范式的瓦砾转化成了某种一致而有意义的东西；另外一些人之所以伟大，是因为他们一颗一颗地埋设了炸药。每一场革命都需要这两类人来完成。与他的批评者或弟子相比，普里斯特利本人在其著作中对这一点的理解更为清晰，他在 1775 年写道："我的命运很可能像科学界的一颗彗星或燃烧的流星，而在我很晚、很意外地涉足的领域里，我充其量就是一颗流星。因此，就像一颗流星那样，我也许注定会迅速移动，在很高的热度中猛烈地燃烧干净，然后突然熄灭。"[28]

在普里斯特利去世近 10 年后，那颗彗星将最后一次扫过美国的天空，出现在政治思想史上的一场伟大对话，即杰斐逊和亚当斯的通信中。两位美国前总统之间的失和太严重，以至于除了 1804 年进行过断断续续的激烈交流外，他们之间完全断交了 10 年。1804 年，杰斐逊曾经与阿比盖尔·亚当斯有过短暂的通信。到了 1812 年年初，在他们共同的朋友本杰明·拉什的敦促下，亚当斯和杰斐逊又开始通信了。亚当斯寄出了第一封亲切、友好的信件，从而开启了一场持续 14 年的对话。两位年迈的美国奠基者讨论了他们曾亲自参与设计的美国宏大实验的意义和前景。这场对话一直持续着，其终点极其令人难以置信：两人都死于 1826 年 7 月 4 日，也就是《独立宣言》签署 50 周年。

然而，虽然他们之间的通信终将极具吸引力，但第一年的通信却缺乏热情、投入感和辩论性。第一批通信给人一种小心翼翼、得体、脆弱的感觉，仿佛他们正在踮着脚尖穿越他们以前敌对时布下的雷区。很多信件的内容仍聚焦于个人领域，他们交换了他们的孙辈、重孙辈的名字，抱怨他们日渐糟糕的健康，算了算仍健在的《独立宣言》签署者的数量。他们谈到了同时代的政治，有几次还深情地谈到他们在 18 世纪 70 年代的合作，但他们几乎绝口不提随之而来的动荡和积怨。

然而，随着一本书于 1812 年在伦敦出版，一切都将改变，那就是西奥菲勒斯 · 林赛死后出版的回忆录，其中大量收录了“杰出人物、他的朋友、通信者的信”，这里面就包括 10 多年前杰斐逊在就职后写给普里斯特利的信，普里斯特利当时把它们转寄给了林赛。1813 年 5 月，身在昆西的亚当斯通过某种渠道获得了一本回忆录。亚当斯通读了那些信，那个时期积累的怒火和不满再次在他心中燃烧起来。他给杰斐逊写了一封信，询问后者是否熟悉那一卷内容，表示他有更多的话要说。10 天后，他又给杰斐逊写了一封信，这一次，他详细引述了杰斐逊信中的话：“为了进步，我们被要求向后看，而不是向前看。总统本人在他对那些演讲的回应中宣称，在真正的科学上，我们永远也别想超越他们。”亚当斯激烈地否认他说过那样的话，他说：“关于你在写给普里斯特利博士的信中给出的我的那种观点，我完全否认。我还要请求你给出法语意义上的‘证据’。那些话完全不符合我做人的基本准则，不符合我坚持了至少60多年的观点。”[29]

4天后的6月14日，亚当斯又寄了一封长信，这次他引述了杰斐逊把《客籍法和惩治叛乱法》称作“诽谤性法律”的话。

> 鉴于你作为副总统、我作为总统签署了那项法律，我不知道为什么你对它所付的责任和我不一样。我们都没有参与它的制定。我们当时在和法国作战，我们的城市和国家有大批法国间谍，他们中的一些人行事鲁莽、制造骚乱、煽动叛乱，令人无法容忍，阻止这些行为是这一法律的意图。政府难道没有权力查办在它内部捣乱的间谍，没有权力查办正在交战的敌国的间谍吗？无论如何，我都从来没有亲自执行过这部法律。[30]

杰斐逊首次做了回应。那是一封用语亲切的长信，试图安抚他暴躁的朋友。他说：“那封信让人想起过去那些令人沮丧的交流，想起它们见证的政治准则和它们激发的情绪。那是一个朋友和另一个朋友根据对这些东西的思考而进行的私密交流，他把那些想法藏在心里，从未想过要扰乱民心。”然而，杰斐逊也根本没打算让步，他又说：“至于过去的时代的特征是否得到了适当描述，就让后世来评判吧。但是，后世永远不可能判断当时的恐怖气氛在自由且坚定的头脑里造成的那些感受，那些没有见证过它们的人不可能想象得到，它们只能被一方感受到。”[31]

凭借这短短几行，亚当斯和杰斐逊之间的交流就变成了一场真正的辩论。历史学家约瑟夫·埃利斯写道，“那是通信中的一个关键时刻”，从那一刻起，他们的通信“成了一场在互相竞争的革命遗产版本之间进行的辩论”。[32] 在接下来的 4 个月里，辩论将达到高潮。亚当斯从昆西发了 20 多封情绪激动的信，辩论受到它们持续的驱动，而杰斐逊发自蒙蒂塞洛的 5 封信则较长，更深思熟虑。他们讨论了政党形成的不可避免性以及《客籍法和惩治叛乱法》时期的“恐怖”。亚当斯翻找他的个人档案，找出他指责科学创新的那篇演讲，辩称杰斐逊误解了原来的语境。亚当斯提供了出自他自己的《对宪法的捍卫》(*Defense of the Constitutions*，出版于 1787 年）的一条引文，那条引文赞美了“机械艺术的发明”和“自然哲学中的发现”。他们思索了政府体系没有以自然哲学那样的速度取得进步的原因，深入探讨了普里斯特利对基督教的非正统看法及其对杰斐逊的影响。

这之所以不是普通的对话，不仅是因为它牵涉美国革命依然在世的两位伟大元老，而且是因为它采用了一种极为罕见的几乎后现代的文学手法：几乎所有亚当斯写的信都围绕着来自杰斐逊和普里斯特利的通信原件的具体引文。然后，在这场伟大的美国对话的核心，我们发现一种奇怪的解构发生了，亚当斯细致地逐字逐句地解开了杰斐逊 10 多年写的语句。在现代读者看来，整个过程仿佛出自博尔赫斯（Jorge Luis Borges）的短篇小说或卡尔维诺（Italo Calvino）的长篇小说，抑或 18 世纪层次分明的书信体长篇小说：一封信被写出来、寄出、出版，接着被某个在原文本中遭到中伤的人发现，然后被附上大量注解，又被寄回给它原来的作者。评注叠加的解构文本就这样引发了美国历史上最具史诗色彩的对话，在这个文本网络的中心，就躺着已经去世近 10 年的普里斯特利。

人类历史上这整整一章都是新的

在杰斐逊和亚当斯的通信中，普里斯特利应该起到了关键作用，同时他在那些档案里出现的频率远远超过了华盛顿、富兰克林或麦迪逊，这让我们觉得他在杰斐逊和亚当斯的心目中非常重要，这两种事实交织在了一起。普里斯特利是美国早期历史中的线索性人物，他就像一位游荡的美国奠基者，出现在一些关键节点上，比如富兰克林的风筝实验、英国枢密院、《客籍法和惩治叛乱法》，以及杰斐逊和亚当斯的通信。在 88 岁时写的一封信中，亚当斯精确、详细地描述了他与普里斯特利共进早餐的情景。那是差不多 30 年前的事情了，当时普里斯特利用《启示录》来解释法国大革命。在普里斯特利去世数十年后，亚当斯和杰斐逊仍旧在讨论他们的老友留给世界的思想。“这个伟大、优秀、非凡的人真的是一个奇迹，我打心眼里喜爱、敬重、尊敬他，他是科学体系中的一颗彗星，就像伏尔泰。”亚当斯写道。[33] 普里斯特利的思想在杰斐逊和亚当斯的通信中之所以那样鲜活，是因为在多个方面，它们都是美国实验本身的核心问题。

那么，关于美国革命的伟大范式转变，普里斯特利的人生能告诉我们什么呢？我们曾一直在讨论，自杰斐逊撰写的《独立宣言》第一稿上的墨迹干了以来，美国奠基者主张的究竟是什么。但是，如果你通过普里斯特利这个局外人的视角来审视美国的诞生，如果你理解了杰斐逊所说的普里斯特利的生命“是人类为数不多的宝贵生命之一”，如果你想到富兰克林渴望回到他最快乐的在伦敦咖啡厅里交换思想的日子的话，那么某种不同的情况就会出现。如果对为美国的诞生做出了突出贡献的3位杰出知识分子来说，普里斯特利是一个核心人物，那么他是如何塑造了我们对美国奠基者们的认知，塑造了我们对他们传递的价值观的认知的呢？

很显然，我们可以吸取的一个教训是：**普里斯特利与他在伦敦、伯明翰、昆西、蒙蒂塞洛的同道中人没有把科学、信仰和政治分开。他们认为，这3个系统不是彼此分离的知识领域，而是一个连续体或一种相互连接的网络。**自然哲学的新解释能够帮助塑造新的政治体系，重新界定信仰，开启一个启蒙时代。对科学理解采取一种一无所知的态度，即躲在虔诚行为或政治教条后面，是对普里斯特利和他的传承者的最严重的冒犯。尽管亚当斯感到，在杰斐逊写给普里斯特利的信中，他遭受了一连串的伤害，但他选择为了荣誉展开反击，否认他作为总统曾经公开抵制过科学创新，这种做法绝非偶然。要记住，杰斐逊也曾经暗示，由于“诽谤性法律”，亚当斯背叛了宪法。单单那一点就告诉我们，当今的政治氛围和美国奠基者们的政治氛围是不同的。

关于美国历史的大众故事会让人觉得，美国奠基者们在自然哲学中取得的各种成就，比如富兰克林的电学实验和杰斐逊的植物学，纯粹是业余活动的结果。他们是政治家，在政治上具有远见卓识，虽然他们在科学上取得了令人称奇的成就，但他们不过是业余的科学爱好者。他们热爱的是人权、自由和民主，那些实验只是副业。但是，从普里斯特利这个视角来看，这个故事有其落后的一面。没错，他们在自然哲学上是业余爱好者，但启蒙时代科学的所有伟大人物都是如此。他们都有一个基本信念：假如理性之光得以闪亮，那么世界就会改变，会取得进步。那种信念是从科学在过去那个世纪取得的巨大进步中产生的。在他的《电学的历史、现状及原创实验》中，普里斯特利曾生动地描绘了科学的上升轨迹。政治变革的可能性效仿了他们都曾经历过的自然哲学上的进步。由于普里斯特利，他们理解了空气泵和发电机的政治威力。

我们喜欢根据美国根深蒂固的乐观主义来谈论这个国家的感性，但如果你读了杰斐逊、富兰克林、亚当斯的文字，就会发现，他们多少都有悲观倾向。富兰克林差不多是个愤世嫉俗者；杰斐逊被正在显现的城市和工业化的力量吓坏了；亚当斯时常会感到愤怒，总是觉得世界没有尊重他的成就。我们期待在美国诞生时发现的那种气质，即完全的乐观主义、对世界必然会见证理性之光的坚定信念，是 1794 年乘坐着“参孙号”抵达的。在把积极的情绪带给他的朋友方面，普里斯特利似乎有着非凡的能力，例如杰斐逊在就职后写给他的信中说“人类历史上这整整一章都是新的”。他是一个名副其实的进步人士，因为他认为，世界自然会走向自由和理解力提高之路，在《电学的历史、现状及原创实验》的序言里，他将其称作“崇高的”观点。他写道：

> 如果我们看到某种东西在持续地进步和改善，它的重要性在一定程度上就是持续上升的。当我们在过去很长一段时间看到一种真实的提高时，就会禁不住认为，未来的提高是没有止境的，而这是一种真正无疆界、崇高的前景。[34]

那种对科学和进步的信仰受到了骚乱、流亡、起诉威胁的挑战，但在托马斯·杰斐逊“卓越的政府”之下，它一直持续到了他生命的尽头。

那种对科学和进步的信仰使另外一种核心价值观成为必然，这一价值观是普里斯特利和杰斐逊、富兰克林共有的，那就是进步不可避免地削弱了过去的制度和信仰体系。亚当斯是否拥有这种观点呢？这是一个比较复杂的问题。在他最初怒气冲冲地写给杰斐逊的信中，这个问题处在中心位置。接受崇高的理性前景会让人不可避免地抛弃陈规陋习和虔诚。它迫使你抛弃教育体制中一切与拉丁语有关的权威传统，迫使你发明全新的政府模式；它迫使你认为我们呼吸的空气是自然系统的一部分，而这一系统会受到人为干预的扰动；它迫使你想象思想孕育和传播的全新结构。你再也无法相信杰斐逊所谓的“我们祖先的教育”了，接受变化意味着接受万物都需重新“被发明”的可能性。

所有这些价值观今天仍独立存在于政治光谱中的不同位置上，但我们发现，它们很难串在一起，形成一种统一的世界观。我们从来都不缺政客，他们愉快地谈论着未来的巨大前景，正如有很多人把自己的希望和宗教价值观联系起来一样。但是，具有讽刺意味的是，“美国的早晨”

（里根的政治广告）的愿景往往涉及回归比较简单的时代、旧的传统以及我们祖先的教育。那些仍在为政府、信仰、经济体系的变革可能性而争论的人，越来越多地把他们的争论集中到了科学理解的基础之上，而这大体上就是普里斯特利帮助创造的生态系统科学。今天，如果想成为一个进步人士，就要相信进步的巨大引擎已经停转，相信我们再也不是在登山，而是在滑向自我毁灭的深谷。

事实上，我们时代的环境的确有可能支持这些观点。也许，出于某种原因，普里斯特利的世界观过时了。激进变革的时代也许已经离我们而去，或者稳定进步的步伐已经调转了方向。然而，有一种情况是清楚的：以这种方式看世界，把科学和信仰的永恒洞见与短暂的政治世界割裂开来，放弃崇高的进步观，依靠旧制度而不设想新制度，是对普里斯特利和美国奠基者们共有的相互联系的核心价值观的背叛。由于人类理解力的加速提高，与普里斯特利、富兰克林和杰斐逊相比，我们能够更加清晰地看到那种关系网络，我们能够把以下这些联系起来：一个氧气分子、光合作用的生化引擎、大气中可呼吸空气的激增、石炭纪的巨大能量储藏、工业化的兴起、普里斯特利时代的政治骚乱，以及我们自己的环境危机。对我们来说，所有这些元素作为一个相互联系的系统而存在，我们对它们的理解很透彻，而这应该会让普里斯特利感到高兴。当然，鉴于他的预见性，这并不会让他感到意外。这样一种急剧扩展的前景又怎么能够让我们认为，世界不再适合发生激进变革、共享思想，以及出现组织人类生活的新方式呢？它又怎么可能不是我们抱有希望的原因呢？

像创新者一样思考

THE INVENTION OF AIR

1. 普里斯特利赋予他的知识探索的价值观从来没有像今天这样必要。信息流动和能量流动是不同的：能量的供应是有限的，这意味着开发能量肯定是一种零和游戏。

2. 信息的传播却不必付出相同的代价，尤其是在全球网络时代。一种思想在传播的过程中，它的作用并不会随着它的传播而减弱。多数情况下，相反的一面发生了：那种思想会得到改进，因为正如富兰克林所说，它的传播吸引了“天才的注意”。

3. 跨学科思维是普里斯特利的才智的标志，而新的开放性则有助于培养这种思维方式。信息理论、生态系统科学、进化论当属过去 50 年最有影响力、研究成果最丰硕的领域，它们所引发的探讨不可避免地对政治和信仰领域产生了影响。

致 谢

我对几家机构充满感激，谢谢他们允许我在公开场合研究这本书的几个重要主题。我要感谢纽约大学新闻学院，感谢他们让我给一个研究生研讨班讲了文化生态系统课程，那里的学生贡献了很多有益的思想，我要充满感激地宣布，他们驳倒了我的一些不太有益的思想。感谢我在长今基金会（Long Now Foundation）的朋友斯图尔特·布兰德（Steward Brand）、凯文·凯利（Kevin Kelly）、布赖恩·伊诺（Brain Eno）、丹尼·希利斯（Danny Hillis）、亚历山大·罗斯（Alexander Rose），他们非常友善。2007 年，在他们举办的一个长期思考研讨班上，他们邀请我讨论了文化史研究的“长变焦”方法。我也非常幸运，受邀和布赖恩一起在伦敦当代艺术学院（Institute of Contemporary Arts）的讲台上讨论了这些问题。我还要感谢拉里·莱西格（Larry Lessig），感谢他在这本书开头的杰斐逊引文上提供的帮助。那段引文是一个早期链接，引领我探究了这本书的一个重要主题。但是，就这本书而言，我的知识债务的最大债主是我的表兄杰伊·海恩斯（Jay Haynes）。近30年来，我一直和他探讨新的政治模式、环保主义和其他古怪言论。我要感谢所有这些人，你们真的是我的英雄，我自己的那群快乐的诚实的辉格党人。希望我们继续下去，并取得成功。

说到诚实的辉格党人，我就不能不提到使这本书成为可能的咖啡厅：首先是最近倒闭、令人惋惜的南坡（South Slape）的茶室（Tea Lounge），其次是布鲁克林无与伦比的大猩猩咖啡厅（Gorilla Coffee）。不过，比咖啡更好的是我和马克·贝利（Mark Bailey）进行的多次你来我往的交谈。我的同事和投资者非常支持我在写一本书的同时经营新的互联网公司这一显然非正统的想法。我尤其要感谢马克·约瑟夫森（Mark Josephson）、罗布·迪明（Rob Deeming）、约翰·杰拉奇（John Geraci）、科里·福赛斯（Cory Forsyth）、安迪·卡尔施（Andy Karsch）、弗雷德·威尔逊（Fred Wilson）、埃德·古德曼（Ed Goodman）、乔治·克劳利（George Crowley）、理查德·史密斯（Richard Smith）、约翰·博思威克（John Borthwick），谢谢他们的支持。

我的研究助理贾里德·拉尼里（Jared Ranere）泰然自若地回应我最古怪的要求，自始至终，他一直在提供建议。我感激那些支持本书研究的机构：芝加哥大学图书馆、纽约公共图书馆、纽约大学图书馆、蒙蒂塞洛的杰斐逊图书馆、由美国哲学学会和耶鲁大学保存的本杰明·富兰克林手稿、耶鲁大学法律图书馆的阿瓦隆项目、英国皇家学会、大英图书馆，以及宾夕法尼亚大学的普里斯特利藏品。我也从普里斯特利和他的同辈所著的公版著作中获益匪浅，现在从谷歌图书上可以获取它们的完整文本文件。

感谢众多阅读过这本书草稿的人：奥利弗·莫顿（Oliver Morton）、加里·威尔斯（Garry Wills）、库尔特·安德森（Kurt Ardersen）、沃尔特·艾萨克森（Walter Isaacson）、戴维·史密斯（David Smith）、马尔科姆·迪克（Malcolm Dick），以及亚历克莎·罗宾森（Alexa Robinson）。当然，如果书里还存在错误，责任在我。我要特别感谢河源图书公司（Riverhead）的编辑，他们都是好人，以我的长期编辑肖恩·麦克唐纳（Sean McDonald）为首。肖恩颇有风度，以透彻的理解力应对了我突然冒出的写这本书的想法。在他的支持下，我撑过了那一团糟的最后几个星期，使这本书得以完成。我也要感谢杰夫·科罗斯科（Geoff kloske）、马修·文宗（Matthew Venzon）、哈尔·费森登（Hal Fessenden）、梅雷迪思·腓比斯（Meredith Phebus）、玛丽·菲纳莫雷（Marie Finamore），以及埃米莉·贝尔（Emily Bell）。虽然这一次走了几次弯路，但我的代理人莉迪娅·威尔斯（Lydia Wills）以她令人称奇的方向感，帮助我掌舵自己的事业航船。

《助燃创新的人》这本书是我所有书中写作地点最多的一本，包括布鲁克林、马撒葡萄园岛、加利福尼亚北部海岸、伦敦、布赖顿，以及英国的巴斯。但是，这本书的大部分是在谢尔特艾兰写的，从那里透过长岛的两个分叉可以望见大西洋以及向右转向英国的墨西哥湾流。感谢在旅程中陪伴我或使旅程成为可能的所有朋友和家庭，尤其是：唐纳德·弗拉泽和玛丽·弗拉泽（Donald and Mary Fraser），他们在谢尔特艾兰给我提供了一方写作之地；保罗·米勒（Paul Miller），他是最出色的伯明翰旅游向导；戴维·史密斯，在博伍德别墅，他陪我度过了一个舒心的上午。

最后，要感谢我的家人：亚历克莎·罗宾森以及我们的儿子克莱（Clay）、罗恩（Rowan）和迪恩（Dean）。普里斯特利生活的世界和我生活的世界差异巨大，但他的生活似乎有非常令人熟悉的一面，那就是他对自己和玛丽、孩子们在一起度过的家庭生活的描写：在一座孩子们吵吵闹闹的房子里写作，与白头偕老的伴侣分享思想的日常知识友情。至于游戏，就不用提了！一如既往，我感谢你们 4 个，谢谢你们的爱和鼓励。

前言 激发相邻可能，思想者的寻根之旅

1. 接受提问的总统候选人是正式获得任命的牧师麦克·赫卡比（Mike Huckabee），他最终在共和党提名竞争中排名第二位。赫卡比是在 2007 年 6 月的一场总统初选辩论中说出这番话的。他接着说："如果他们想要一位不信上帝的总统，那么选择就太多了。我（在进化论问题上）的看法是，我不知道，因为我不在现场。我相信，无论上帝是否在 6 天里创造了世界，或是否在代表着 6 个时期的 6 天里创造了世界，他都创造了世界，那才是重要的东西。但是，你要知道，如果有人愿意相信他们是一种灵长类动物的后裔，那也无可厚非。"

引言 从旋涡中心到流亡之途

1. 引自 Lundy, p. 203.
2. 引自 Mittelberger, p. 24.
3. 引自 Jackson, p. 310.
4. 引自 Moser, p. 21.
5. 引自 Graham, p. 177.
6. 引自 De Vorsey, p. 106.

1 电学启蒙，成为思想界的关键物种

1. 引自 Griffith, p. 5.
2. 引自 Priestley 1904, p. 19.
3. 同上 , p. 30.
4. 引自 Isaacson, p. 137.
5. 引自 Benjamin Franklin to Peter Collinson, March 2, 1750.
6. 引自 Van Doren, p. 170.
7. 引自 Schofield 1966, p. 14.
8. 引自 Crane, p. 229.
9. 同上 , p. 224.
10. 引自 Kuhn, p. 30.
11. 引自 Shaffer 1986, p. 207.
12. 引自 Schofield 1966, p. 15.

13. 同上, p. 21.
14. 同上, p. 35.
15. 引自 Priestley 1775, p. xv.
16. 同上, p. i.
17. 同上, p. iv.
18. 同上, p. 160.
19. 引自 Gould, p. 466.
20. 马克思未能预言它们究竟会把作为一个整体社会的我们带到哪里，因为他认为，历史的辩证发展正在通向一种真正的共产主义国家的终极综合体。他的预言之所以未能实现，在一定程度上是因为其他宏观力量，其中包括资本主义纠正它制造的问题的能力；也是因为他未能摆脱黑格尔的辩证法的组织原则。
21. 引自 Kuhn, p. xii.
22. 文化的分层观点直接受到了文明的速度分层图（pace layered diagram of civilization）的启发，我首次遇到这种分层图是在斯图尔特·布兰德的杰作《建筑如何学习》（*How Buildings Learn*）中。布兰德分的层稍有不同，主要集中在每一层变化的速度上，主要类别从快到慢分别是：时尚、商业、基础设施、管理方式、文化、自然。
23. 引自 Schofield 1966, p. 54.
24. 引自 Standage, p. 135.
25. 引自 Priestley 1775, p. xii

2 发现氧气，漫长的直觉终于开花结果

1. 引自Journal of Jonathan Williams, Jr., of His Tour with Franklin and Others through Northern England, May 28, 1771. Franklin, *The Franklin Papers*.
2. 同上。
3. 引自 Priestley 1790, p. 34.
4. 引自 Priestley 1790, vol. 3, p. 250.
5. 引自 Benjamin Franklin to John Canton, August 15, 1771.
6. 引自 Priestley 1790, p. xx.
7. 如果想进一步了解空气泵怎样改变了气体化学，并帮助界定了如今已成传统的科学实验观念，可参看史蒂文·夏平（Steven Shapin）与西蒙·谢福（Simon Schaffer）的书《利维坦与空气泵》(*Leviathan and the Air-Pump*)。
8. 斯科菲尔德这样总结哈特利与普里斯特利的振动模式："如果两种或两种以上的振动同时发生，它们会相互调整，以至于任何一种振动发生，另外一种或其他振动也会被激发，直到其中一种拥有一组振动倾向，以此回应别的任何一组的振动激发……简单的思想也是这样，会通过联合来变得复杂，随着经验的积累和时间的推移，这些思想会产生我们所有的思想、愉悦和激情。"引自 Schofield, 2004, p. 55.
9. 引自 Rutt 2003, p. 344.
10. 引自 Priestley 1790, vol. 3, p. 250.
11. 同上。
12. 引自 Schofield 1966, p. 86.

13. 引自 Joseph Priestley to Benjamin Franklin, July 1, 1772.
14. 这是迄今为止地球所遭受的最大污染。种类众多的微生物立即灭绝了。氧气与光合在一起是致命的，比它们单独一种都更危险，它们瞬间就能杀死在当今世界缺乏空气的角落里生存的那些厌氧生物。
15. 我们不知道这封信的确切日期，因为除了普里斯特利出版的这段摘录，没有关于它的记录存在。
16. 同上。
17. 引自 Priestley 1790, vol. 3, pp. 255-256.
18. 引自 Rutt 2003, p. 194.
19. 引自 Benjamin Franklin to Joseph Priestley, Sept. 19, 1772.
20. 引自 Jackson, p. 122.
21. 引自 Priestley 1904, p. 109.
22. 同上。
23. 同上。
24. 同上，pp. 102-103.
25. 引自 Jackson, p. 187.
26. 同上。
27. 引自 Kuhn, p. 55
28. 具有讽刺意味的是，普里斯特利用一段关于盲点的论述来介绍他的伟大发现。他没有意识到，他关键的错误出在他的推理的结尾，而非开头。
29. 引自 Rutt 2003, p. 210.
30. 引自 Priestley 1790, vol. 1, p. xxvii.

3 插曲：那座煤岛，人类历史长河的燎原星火

1. 如果想更详细地了解巨脉蜻蜓和石炭纪的氧气激增，可参看戴维·伯灵的杰作《翡翠星球》(*The Emerald Planet*)。
2. 引自 Lovelock and Margulis, p. 2.
3. 引自 Beerling, p. 50.

4 狂野的气体，炸开自由新世界的大门

1. 引自 Benjamin Franklin to Joseph Priestley, May 16, 1775.
2. 同上。如果现代读者看到，在横跨大西洋的信件要花 3 个月才能送到收信人手里的那个时代，居然存在为追求速度而删掉主语代词的黑莓手机风格（“现在忙死了”），他们也许会觉得有趣。
3. 引自 Joseph Priestley to Benjamin Franklin, February 13, 1776.
4. 引自 Joseph Priestley to Benjamin Franklin, September 27, 1779.
5. 引自 Benjamin Franklin to Joseph Priestley, June 7, 1782.
6. 引自 Jackson, p. 132. 麦哲伦的真名是若昂·雅辛托·德马加良斯（Joao Jacinto de Magalhaes）。不过，当他去伦敦旅行时，他采用了那个英国化的名字。
7. 引自 Kelly, p. 158.
8. 引自 Jackson, p. 202.
9. 引自 Kelly, p. 165.
10. 引自 Schofield 2004, p. 17.

11. 引自 Kramnick, p. 4.
12. 引自 Joseph Priestley to Benjamin Franklin, February 13, 1776.
13. 引自 Schofield 2004, p. 21.
14. 同上，p. 27.
15. 引自 Priestley 1790, p. xxiii.
16. 引自 Schofield 1966, p. 204.
17. 引自 Uglow, p. 124.
18. 引自 Wedgwood, p. 277.
19. 引自 Gibbs, p. 139.
20. 引自 Benjamin Franklin to Richard Price, August 16, 1786.
21. 引自 Benjamin Franklin to Joseph Priestley, July 29, 1786.
22. 引自 Franklin to Benjamin Vaughan, October 24, 1788.
23. 引自 The Diary of John Adams, April 19, 1786. Adams, *Adams Family Papers*. 有趣的是，虽然普里斯特利看样子再过 10 年才会结识托马斯·杰斐逊，但在 4 月份，他们的轨迹几乎交叉了。在记录了和普里斯特利的首次邂逅之后，亚当斯和杰斐逊度过了接下来的一天，参观了伦敦城外的一座庄园。
24. 参见 http://www.ancestry.com/learn/library/article.aspx?=8707.
25. 引自 Priestley 1871, p. 103.
26. 同上，p. xi.
27. 引自 Rutt 2003, p. 212.
28. 引自 Thomas Jefferson to John Adams, August 22, 1813.
29. 引自 Thomas Jefferson to John Adams, August 22, 1813.

30. 引自 Ellis, pp. 36-37.
31. 引自 Gibbs, p. 172.
32. 引自 Joseph Priestley and Richard Price, pp. 101-102.
33. 引自 Gibbs, p. 174.
34. 引自 Garrett, p. 57.
35. 引自 Burke, p. 8.
36. 引自 Gibbs, p. 184.
37. 引自 Gibbs, p. 198.
38. 引自 Thor, p. 127.
39. 引自 Gibbs, p. 207.
40. 引自 Thorpe 1906, pp. 131-133.
41. 引自 Thorpe, pp. 127-133.
42. 引自 Priestley 1791, p. 130.
43. 引自 Priestley 1791, p. 3.
44. 引自 Schofield 1966, p. 262.
45. 引自 Schofield 1966, p. 257.

5 体系中的彗星，理性与变革之光仍将闪耀

1. 引自 Graham, p. 49.
2. 同上, p. 63.
3. 同上, p. 67.
4. 引自 Moser, p. 17.

5. 同上，p. 61.
6. 同上，p. 76.
7. 引自 John Adams to Abigail Adams, March 13, 1796.
8. 同上。
9. 关于这次早餐的确切日期，有过非常有趣的猜测。参见 Graham, footnote on p. 95.
10. 引自 John Adams to Thomas Jefferson, August 15, 1823.
11. 引自 Gibbs, p. 231.
12. 引自 Mosner, p. 12.
13. 引自 Graham, p. 95.
14. 同上，p. 117.
15. 同上，p. 122.
16. 同上，p. 123.
17. 引自 John Adams to Thomas Pickering, August 16, 1798.
18. 引自 Priestley 1826a, p. 167.
19. 引自 Thomas Jefferson to Joseph Priestley, January 18, 1800.
20. 引自 Thomas Jefferson to Joseph Priestley, March 3, 1801.
21. 引自 Graham, p. 184.
22. 引自 Thomas Jefferson to Joseph Priestley, June 19, 1802.
23. 引自 Graham, p. 164.
24. 引自 *London Times*, January 28, 1804, p. 2.
25. 引自 *Monthly Review*, pp. 150-151.
26. 引自 Cuvier, pp. 209-231.

27. 引自 Thomas Jefferson to Isaac McPherson, August 13, 1813.

28. 引自 Gibbs, p. 96.

29. 引自 John Adams to Thomas Jefferson, June 10, 1813.

30. 引自 John Adams to Thomas Jefferson, June 14, 1813.

31. 引自 Thomas Jefferson to John Adams, June 15, 1813.

32. 引自 Ellis 2002, p. 230.

33. 引自 John Adams to Thomas Jefferson, July 18, 1813.

34. 引自 Priestley 1775, pp. i-ii.

未来，属于终身学习者

我这辈子遇到的聪明人（来自各行各业的聪明人）没有不每天阅读的——没有，一个都没有。巴菲特读书之多，我读书之多，可能会让你感到吃惊。孩子们都笑话我。他们觉得我是一本长了两条腿的书。

——查理·芒格

互联网改变了信息连接的方式；指数型技术在迅速颠覆着现有的商业世界；人工智能已经开始抢占人类的工作岗位……

未来，到底需要什么样的人才？

改变命运唯一的策略是你要变成终身学习者。未来世界将不再需要单一的技能型人才，而是需要具备完善的知识结构、极强逻辑思考力和高感知力的复合型人才。优秀的人往往通过阅读建立足够强大的抽象思维能力，获得异于众人的思考和整合能力。未来，将属于终身学习者！而阅读必定和终身学习形影不离。

很多人读书，追求的是干货，寻求的是立刻行之有效的解决方案。其实这是一种留在舒适区的阅读方法。在这个充满不确定性的年代，答案不会简单地出现在书里，因为生活根本就没有标准确切的答案，你也不能期望过去的经验能解决未来的问题。

湛庐阅读App：与最聪明的人共同进化

有人常常把成本支出的焦点放在书价上，把读完一本书当作阅读的终结。其实不然。

时间是读者付出的最大阅读成本
怎么读是读者面临的最大阅读障碍
“读书破万卷”不仅仅在“万”，更重要的是在“破”！

现在，我们构建了全新的“湛庐阅读”App。它将成为你“破万卷”的新居所。在这里：

- 不用考虑读什么，你可以便捷找到纸书、有声书和各种声音产品；
- 你可以学会怎么读，你将发现集泛读、通读、精读于一体的阅读解决方案；
- 你会与作者、译者、专家、推荐人和阅读教练相遇，他们是优质思想的发源地；
- 你会与优秀的读者和终身学习者为伍，他们对阅读和学习有着持久的热情和源源不绝的内驱力。

从单一到复合，从知道到精通，从理解到创造，湛庐希望建立一个“与最聪明的人共同进化”的社区，成为人类先进思想交汇的聚集地，与你共同迎接未来。

与此同时，我们希望能够重新定义你的学习场景，让你随时随地收获有内容、有价值的思想，通过阅读实现终身学习。这是我们的使命和价值。

湛庐阅读App玩转指南

湛庐阅读App结构图：

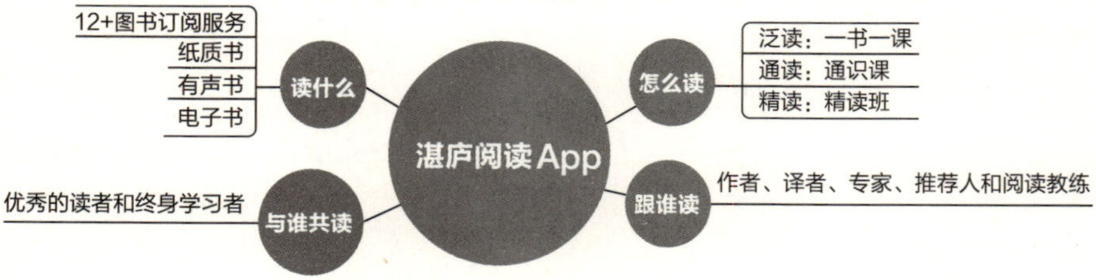

三步玩转湛庐阅读App：

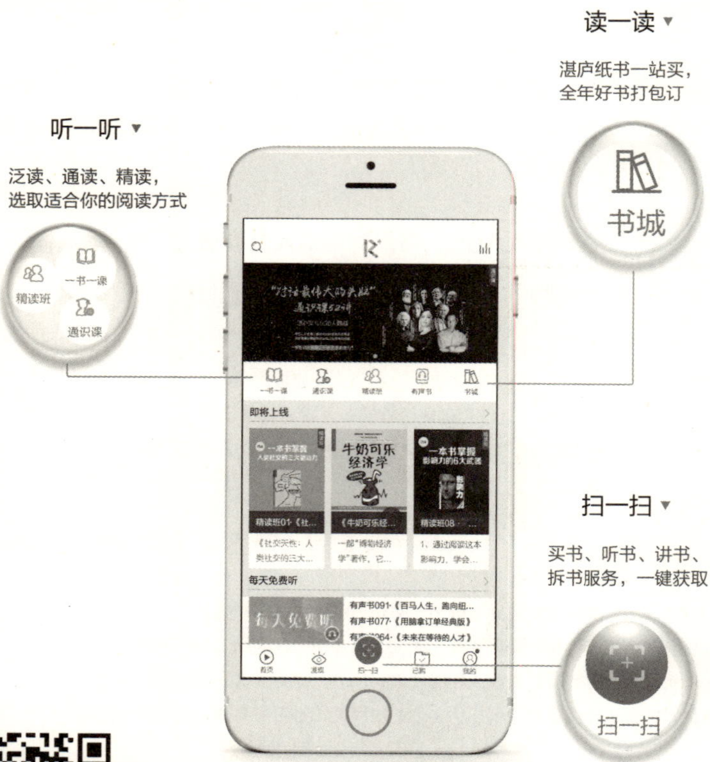

App获取方式：

安卓用户前往各大应用市场、苹果用户前往App Store
直接下载“湛庐阅读”App，与最聪明的人共同进化！

使用App扫一扫功能，
遇见书里书外更大的世界！

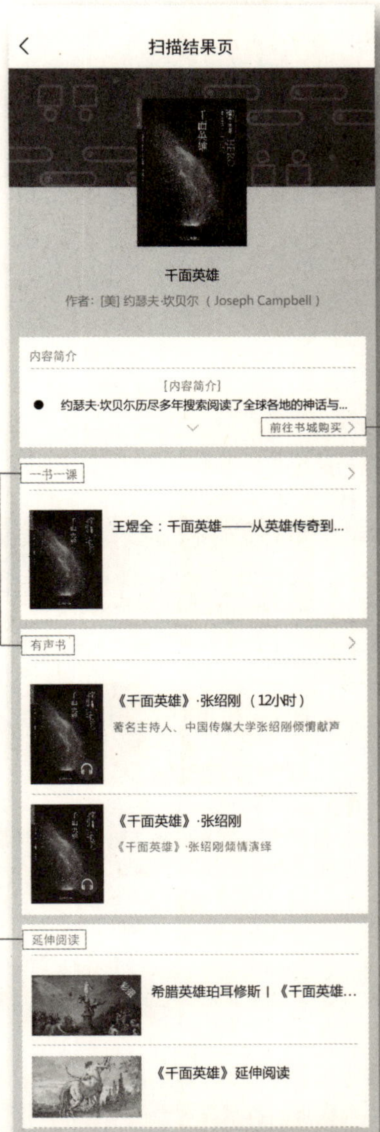

快速了解本书内容，
湛庐千册图书一键购买！

大咖优质课、
献声朗读全本一键了解，
为你读书、讲书、拆书！

你想知道的彩蛋
和本书更多知识、资讯，
尽在延伸阅读！

湛庐CHEERS

延伸阅读

《伟大创意的诞生》

◎《经济学人》年度图书，“数字化未来十大科技思想家”、TED 演讲人史蒂文·约翰逊经典力作。

◎ 作者以富有感染力、包罗万象的风格游历于多重领域，从神经生物学、都市研究，到网络文化，找出了独特创新背后的七大关键模式，深入人类 600 年重要发明的创新自然史，找寻它们的踪迹。

◎ 财讯传媒集团首席战略官段永朝，电子科技大学教授、互联网科学中心主任周涛，畅销书《史蒂夫·乔布斯传》作者沃尔特·艾萨克森联袂推荐。

使用“湛庐阅读”App，
“扫一扫”获取本书更多精彩内容
ISBN 978-7-213-06075-5

《创造力》

◎《创造力》一书是“心流之父”、积极心理学大师希斯赞特米哈伊历时 30 年潜心研究的经典之作。

◎ 富有创造力的人之间彼此千差万别，但他们有一点是相同的。他们都非常喜欢自己做的事情。他们通过从事费力、有风险且困难的活动扩展自己的能力，从中体会到“心流”(flow)。

使用“湛庐阅读”App，
“扫一扫”获取本书更多精彩内容
ISBN 978-7-213-06412-8

《当下的启蒙》

◎ 比尔·盖茨喜爱的一本书。理查德·道金斯心中的诺贝尔文学奖作品。尤瓦尔·赫拉利 2018 年最爱的书之一。

◎ 当代伟大思想家史蒂芬·平克全面超越自我的作品，一部关于人类进步的英雄史诗。

◎《当下的启蒙》用数据和事实揭示出世界的真相：不是黑暗，而是光明；不是丧，而是燃；我们没有退步，而是一直在进步，还将继续进步。用这本书点燃生活的勇气，亲手创造更美好的未来。

使用“湛庐阅读”App，
“扫一扫”获取本书更多精彩内容
ISBN 978-7-213-08983-1

《大局观从何而来》

◎“邓巴数”提出者、著名进化人类学家罗宾·邓巴的经典著作，湛庐文化重磅推出的“深度理解社群”四部曲之一。

◎ 邓巴教授联合另外两位著名考古学教授，从人类大局观思维的形成基础、进化过程、进化优势三大板块，揭示我们所拥有的能够进行大局思维的社会性大脑是如何进化产生的，大脑又是如何影响社群规模的，以及如何将小规模群体迁移至无限连接的网络社会，利用小群体经验解决大社会问题。

使用“湛庐阅读”App，
“扫一扫”获取本书更多精彩内容
ISBN 978-7-220-11339-0